Fabuleux TRAINS
DU MONDE

REMERCIEMENTS

L'auteur tient, en premier lieu, à remercier Liliane, son épouse et sa collaboratrice, pour son aide précieuse apportée lors des diverses étapes de la rédaction et de la finition de ce livre.

Un grand merci à Guy Devautour, qui a largement contribué à la réalisation de cet ouvrage, à Clive Lamming et Jean-Marc Combe (musée français du Chemin de Fer), ainsi qu'à Michel Destombes pour sa collaboration et ses conseils avertis.

L'auteur tient à remercier les différents organismes, et l'Union internationale des chemins de fer à Paris en particulier, qui lui ont confié une documentation abondante et de qualité.

Sa reconnaissance va également aux chemins de fer touristiques qui font vivre de manière éclatante la notion de patrimoine ferroviaire.

Les marques « Compagnie des Wagons-Lits », « PLM Paris-Lyon, Méditerranée », « Venice-Simplon Orient Express » et « Orient Express » ainsi que tous les logos afférents sont des marques déposées.

Ouvrage collectif créé par Losange

Direction éditoriale
Hervé Chaumeton

Coordination éditoriale
Muriel Bresson

PAO
Nathalie Lachaud
Jean-François Laurent

Photogravure
Stéphanie Henry
Véronique Janvier
Chantal Mialon

© Losange, 2000
© Éditions Proxima, 2004
Édition réalisée pour Livres Expo, Courbevoie (92400), avec l'autorisation des éditions Proxima
ISBN : 2-84550-036-X
N° d'éditeur : 84550
Dépôt légal : octobre 2004

Achevé d'imprimer : septembre 2004
Imprimé en Slovaquie par Polygraf Print GmbH, Presov

Fabuleux TRAINS DU MONDE

André Papazian

Livres Expo

Sommaire

Introduction **6-7**

Des gares… et des cheminots **8-11**

1804-1919 : Le chemin de fer et l'industrialisation **12-37**

    Naissance en Angleterre 14-15

    La véritable première locomotive 16-19

    Une ère nouvelle débute 20-23

    Un développement rapide 24-25

    Le monde se convertit au chemin de fer 26-29

    Les débuts du diesel et de l'électricité 30-33

    L'*Orient Express* ouvre la voie 34-37

1920-1950 : Des belles années aux années tristes **38-69**

    Le confort sur toute la ligne 40-43

    Des trains aux noms prestigieux 44-47

    La technique ferroviaire progresse 48-53

    Bruits de bottes et machines de guerre 54-57

    Le temps des nationalisations 58-59

    La recherche stoppée 60-63

    Avec les moyens du bord 64-69

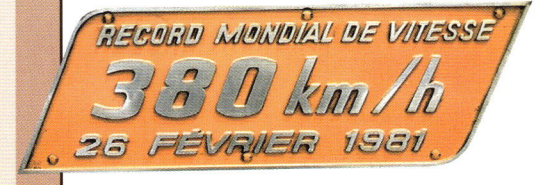

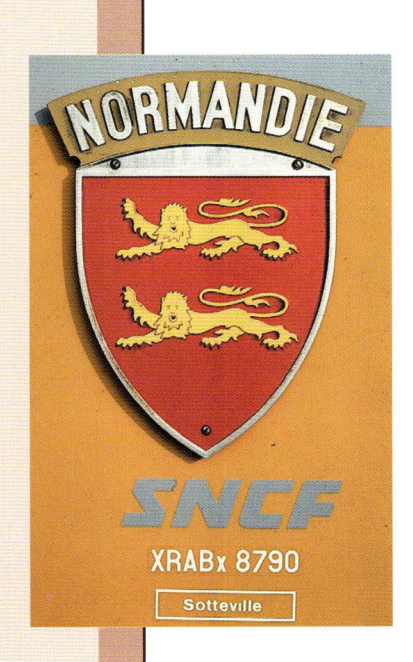

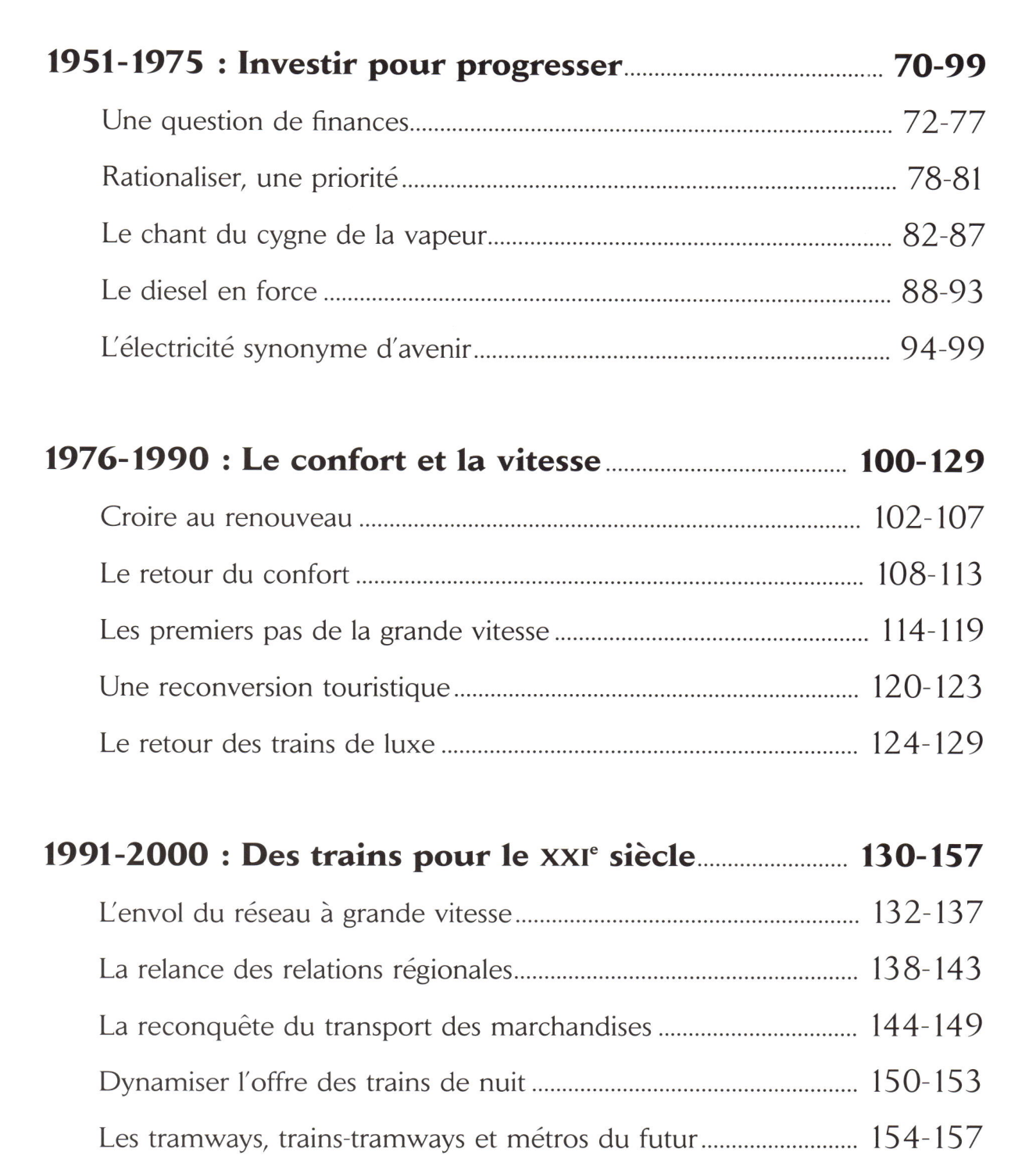

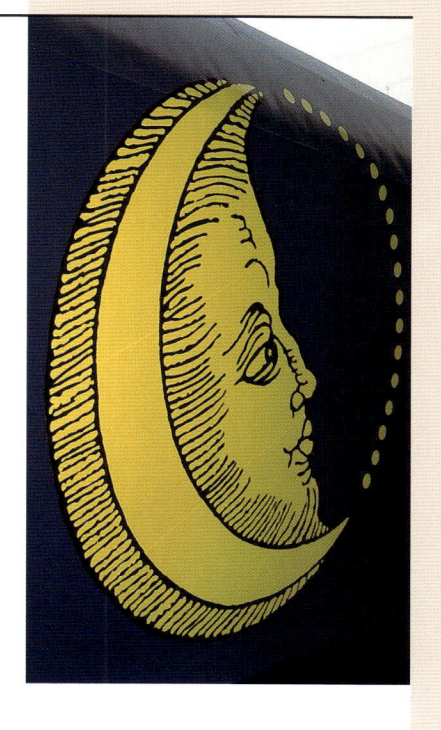

1951-1975 : Investir pour progresser **70-99**

Une question de finances 72-77

Rationaliser, une priorité 78-81

Le chant du cygne de la vapeur 82-87

Le diesel en force 88-93

L'électricité synonyme d'avenir 94-99

1976-1990 : Le confort et la vitesse **100-129**

Croire au renouveau 102-107

Le retour du confort 108-113

Les premiers pas de la grande vitesse 114-119

Une reconversion touristique 120-123

Le retour des trains de luxe 124-129

1991-2000 : Des trains pour le XXIe siècle **130-157**

L'envol du réseau à grande vitesse 132-137

La relance des relations régionales 138-143

La reconquête du transport des marchandises 144-149

Dynamiser l'offre des trains de nuit 150-153

Les tramways, trains-tramways et métros du futur 154-157

Index **158**

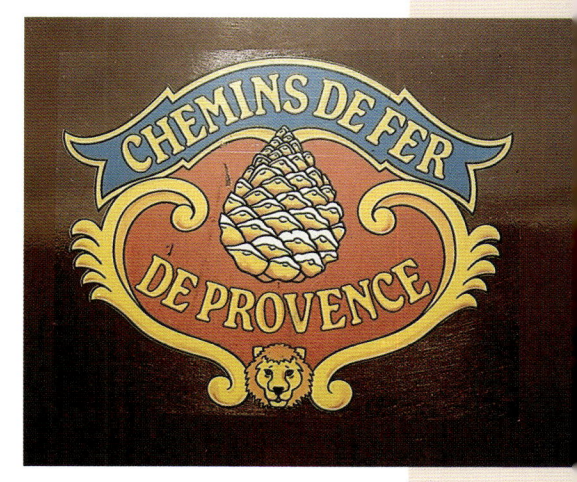

Introduction

C'est aux Britanniques que l'on doit l'invention des chemins de fer. Ils ont fortement contribué puis participé au développement économique et social de l'Europe avant de partir à la conquête des autres continents. Le chemin de fer va sonner le glas des diligences et celui de la batellerie et devenir un élément vital de la révolution industrielle du XIXe siècle. Cette formidable avancée technologique, souvent décriée dans les premières années de son existence, fait partie intégrante de l'histoire des Hommes. Le chemin de fer a connu un rapide essor ainsi qu'une évolution technologique sans précédent. Tandis que l'on s'évertuait à améliorer les performances de la traction vapeur, un Allemand du nom de Diesel préparait l'avènement de la traction thermique, et dans le même temps les vertus de l'électricité trouvaient une application ferroviaire. Le rail va ainsi contribuer à de meilleures relations commerciales et touristiques entre les pays, mais va devenir également une arme pour les grandes puissances en quête d'expansion. Les guerres, sans porter un coup fatal aux chemins de fer, vont stopper net une évolution technique qui ouvrait la voie à une démocratisation du voyage en train. Au début des années 1950, alors que bon nombre de pays doivent reconstruire, les moyens financiers font défaut ou sont réservés à d'autres priorités. Commence alors la lente agonie des « tortillards » qui cèdent la place aux services routiers. Il faut attendre la moitié des années 1970 pour percevoir les prémices d'un réveil. Les compagnies ferroviaires, à la faveur des chocs pétroliers, s'inquiètent de leur devenir et des possibilités de développement. On parle enfin d'investissements à grande échelle, des plans sont élaborés, des directives sont prises. En un mot, la politique en matière de transport collectif sur rail change, évolue même. La grande vitesse puis la très grande vitesse, initiée par les Japonais, ouvrent des perspectives nouvelles. C'est sans nul doute la seconde révolution dans ce domaine. Les trains du XXIe siècle relieront les principales métropoles européennes en un temps record.

La fabuleuse aventure des chemins de fer présentée dans cet ouvrage se veut aussi un hommage à tous ceux qui ont par le passé contribué au développement du rail ainsi qu'à ceux qui entretiennent la flamme aujourd'hui. En particulier ces hommes qui ont remis sur rails des lignes oubliées et vouées à la disparition et qui ont regroupé dans des musées tant de témoignages.

Tout ceci perpétue l'histoire du rail et sa place dans l'Histoire en général et dans celle des hommes en particulier.

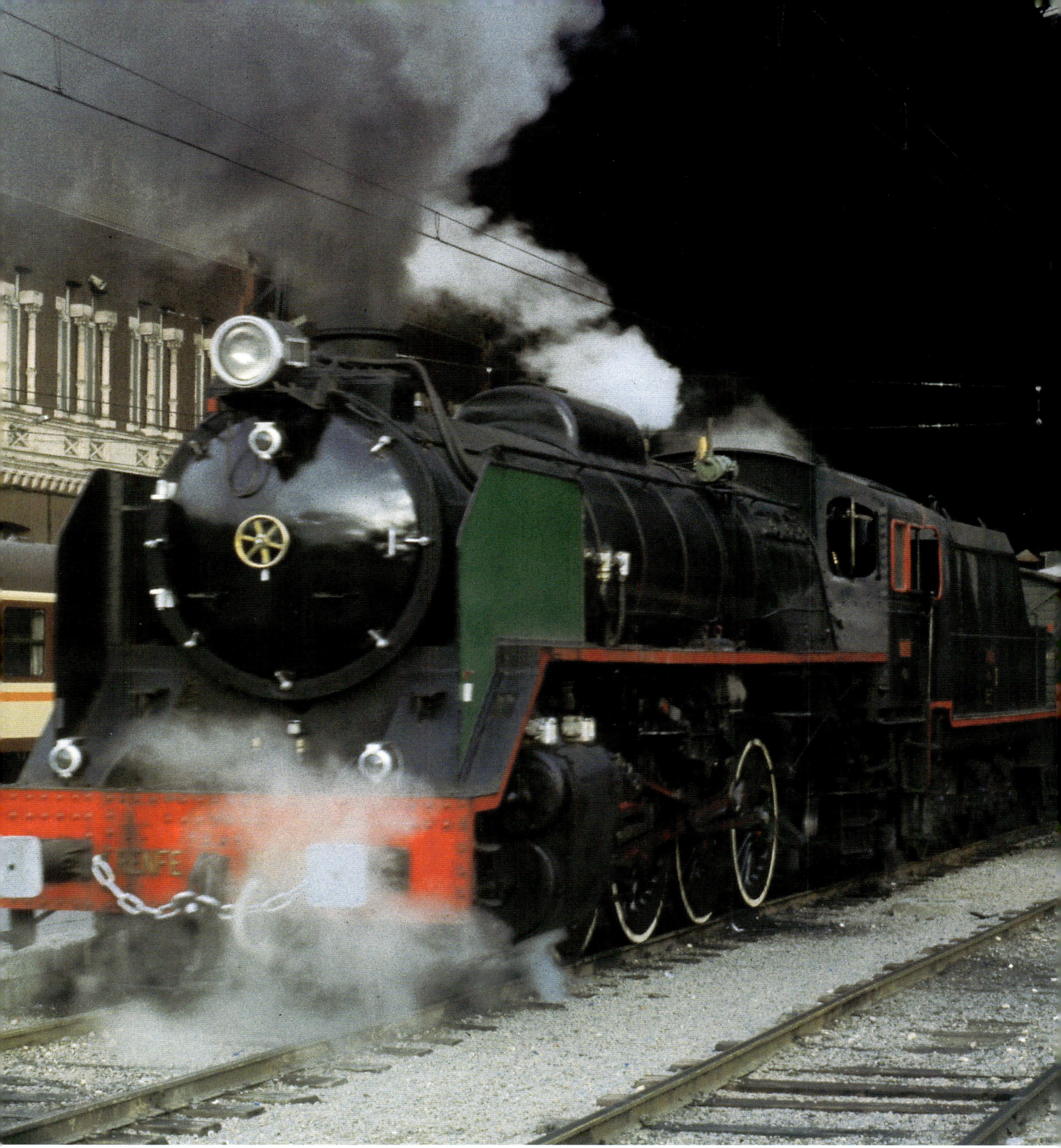

Des gares…

▲ Bâtie dans un style architectural en vogue au temps des compagnies en France (avant 1938), la gare de Troyes voit passer des trains en direction et en provenance de Bâle, en Suisse.

▶ Autrefois, il fallait acheter un billet pour accéder aux quais. Ce distributeur a été préservé de la destruction, puis il a été rénové par un chemin de fer touristique anglais.

◀ Les trains changent, mais ils fascinent toujours les jeunes générations, comme en témoigne cette vue prise en gare d'Abbeville dans la Somme.

▲ Ce portail est le seul vestige intact de l'ancienne gare de Lucerne (Suisse) ravagée par un terrible incendie.

▲ Construite dans un style futuriste pour l'époque, la gare de Lyon Part-Dieu est l'une des plus importantes de France. Quoique récente, elle va devoir être rajeunie…

▼ Plus aucun train de voyageurs ne s'arrête dans la petite gare de Flirsch, sur l'axe international de l'Arlberg (Autriche). Ce qui n'empêche pas l'agent en fonction dans cet établissement de l'entretenir avec soin.

▲ La gare du Palais à Québec accueille chaque jour les voyageurs de la compagnie Via Rail, à destination de Montréal notamment.

9

... ET DES CHEMINOTS

◀ La traction vapeur a presque totalement disparu dans le monde. Seuls les chemins de fer touristiques permettent de témoigner du travail accompli par les équipes de conduite.

▲ Le poste de conduite d'une rame à grande vitesse allemande (ICE). Le conducteur est assis et dispose d'un espace fonctionnel.

▲ Cette hôtesse, en uniforme de la compagnie nationale DSB, accueille les voyageurs des trains intervilles danois.

◀ Participer à l'exploitation d'un chemin de fer touristique (ici celui du Vivarais) demande aussi des efforts physiques afin d'équiper la locomotive en charbon.

▲ Les gestes du métier n'ont que peu évolué en traction vapeur. Les amateurs qui œuvrent sur les chemins de fer touristiques (ici celui des Trois Vallées en Belgique) se doivent d'entretenir les machines comme autrefois.

▲ La sécurité des trains fait encore appel à l'homme, lorsque les installations n'ont pas été modernisées, comme ici en Égypte.

▼ Par tous les temps, le « chef de gare » (ici en Autriche) surveille les mouvements dans son établissement ainsi que le bon fonctionnement du trafic.

▶ Un agent de gare, ici à Brigue (Suisse), installe le ravitaillement nécessaire (boissons et friandises) pour le trajet vers Zermatt. Il sera ensuite proposé dans un minibar, sorte de chariot étudié pour évoluer sur cette ligne de montagne.

12

Le chemin de fer et l'industrialisation

1804-1919

Inventé par les Britanniques, le chemin de fer trouve l'une de ses origines dans le « fardier » réalisé par le Français Cugnot en 1771. L'industrialisation de la Grande-Bretagne incite à la recherche de moyens nouveaux pour le transport de masse des marchandises. C'est cette quête qui va conduire aux premiers balbutiements du chemin de fer. Ce sont les lignes réalisées pour le transport du charbon, qui utilisaient des rails métalliques et non plus en bois, qui vont ouvrir la voie. Cette nouveauté va donner des idées à bon nombre d'inventeurs, dont certains ingénieux, il faut le dire. Bien engagé, le chemin de fer progresse vite au profit de l'industrialisation européenne avant de gagner les autres continents.

Naissance en Angleterre

1804-1919 : Le chemin de fer et l'industrialisation

Au début du XIXᵉ siècle, le transport du charbon était assuré par des wagonnets tractés par des chevaux. Ces wagonnets circulaient sur des rails de bois puis sur des rails métalliques. C'est l'utilisation du fer qui va donner son nom au « chemin de fer ».

La traction des wagonnets nécessitait l'emploi d'un grand nombre de chevaux, et le tonnage toujours plus important à transporter mettait en évidence les limites de ce mode de traction. C'est ce qui va conduire plusieurs constructeurs anglais à chercher d'autres méthodes. La solution résidait dans la construction d'un engin mobile capable de tracter les wagonnets en lieu et place des chevaux.

Trevithick invente la locomotive

Dès 1804, l'Anglais Richard Trevithick construit une machine ambulante mue par la vapeur et destinée à la traction sur des rails en bois ; elle va fonctionner tant bien que mal au pays de Galles. Il est difficile, quand on parle de la vapeur, de ne pas évoquer les noms de grands inventeurs qui accompagnent le progrès technique dans ce domaine. Si Denis Papin met en évidence la force qui se dégage de la vapeur, c'est l'Anglais Newcomen qui la domestique, au profit de ses mines de charbon, en 1712. Il faut attendre l'essai de Cugnot et de son « fardier » pour voir ce mode de traction progresser de manière sensible.

Mais un problème majeur à cette époque, qui paraissait insurmontable, freinait la construction des « locomotives ». On avait admis alors comme principe que les roues de la locomotive, portant sur des rails en fer poli, ne trouveraient pas de point d'appui suffisant pour faire avancer la machine et le train qu'elle devait remorquer. En 1811, un autre Anglais, Blenkinsop, croit avoir trouvé la solution. Il imagine des rails dentés en crémaillère s'égrenant avec les roues également dentées de la locomotive. Bien d'autres systèmes « ingénieux » vont fleurir, dont celui dû à l'ingénieur Brunton. Désireux de ne pas changer les rails du chemin de fer, il décide de donner un point d'appui au moteur par le truchement de béquilles qui, placées à l'arrière de la machine, s'appuient sur le sol et se relèvent alternativement à la manière des jambes d'un cheval.

C'est en 1813 que Blackett, mieux avisé que ses confrères, termine les expériences là où elles auraient dû commencer, c'est-à-dire par des essais sur le chemin de fer de Wylam, qui vont démontrer que le poids de la locomotive procure aux roues assez d'adhérence pour les empêcher de tourner sur place. Cette découverte majeure va insuffler une sérieuse avancée à la locomotive.

Une invention qui fait son chemin

Les premiers essais de locomotives sont nombreux en Angleterre durant ce début de XIXᵉ siècle, alors que l'Europe est encore « napoléonienne » et tournée vers un XVIIIᵉ siècle agricole et militaire. William Hedley construit, en 1813, la *Puffing Billy* qui porte ce nom car elle lâche une bouffée de vapeur. Du moins c'est la

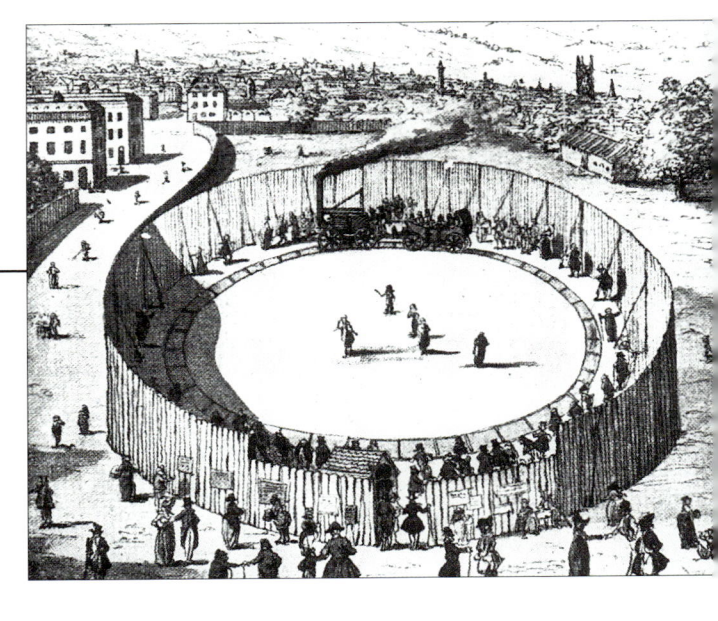

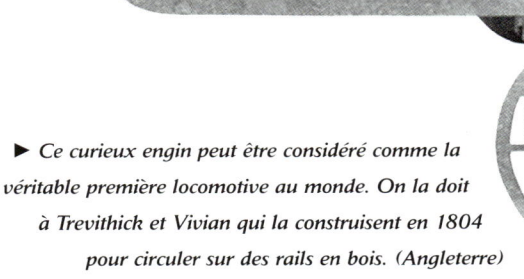

▲ *Plusieurs années durant, le chemin de fer est une invention dont l'image n'est pas entrée dans les mœurs. Diverses réalisations ont été exhibées en public. Sur cette gravure de 1808, on voit une machine la* Catch me who can *(m'attrape qui peut) dans une enceinte privée accessible moyennant un prix d'entrée. (Angleterre)*

▶ *Ce curieux engin peut être considéré comme la véritable première locomotive au monde. On la doit à Trevithick et Vivian qui la construisent en 1804 pour circuler sur des rails en bois. (Angleterre)*

Stephenson, un grand nom du rail

version la plus défendue car aucune justification officielle n'a été fournie par son constructeur. Les expériences menées par Hedley dans les mines de Wylam, près de Newcastle, sont concluantes : la locomotive peut circuler en « simple adhérence ».

Aux États-Unis, où l'engouement pour le chemin de fer est plus fort qu'en Europe, méfiante et craintive, les « constructeurs » (en fait des forgerons ou des fondeurs) ne manquent pas d'idées pour bricoler des locomotives dans l'espoir de faire fortune rapidement. L'un d'entre eux n'hésite pas à utiliser de vieux canons de fusil comme tubes de chaudière. Beaucoup plus sérieusement, la firme West Point Foundry produit en 1830 la *Best Friend of Charleston*. Malheureusement, elle explose ; ses restes sont réutilisés et deviennent la *Phenix*, capable de tracter un train de quatre voitures et 117 voyageurs. Enfin la firme produit la *De Witt Clinton*. Celle-ci atteint la vitesse de 29,3 km/h en 1831, assurant à la firme une prospérité et une renommée durables.

▲ *Une autre réalisation datant de 1833 et due à Hackworth : appelée* Wilberforce. *Cette machine était avant tout destinée à la traction des trains de minerai. (Angleterre)*

▲ *Les premiers essais de locomotives sont nombreux au début du XIXe siècle. William Hedley démontre avec sa* Puffing Billy *la possibilité de circuler en simple adhérence, et prépare ainsi le chemin de fer de l'avenir. (Angleterre)*

Le père, George (1781-1848), et le fils, Robert (1803-1859), sont tous les deux engagés dans la grande aventure naissante du chemin de fer. Leur implication est telle qu'on les a souvent fait passer pour les inventeurs de ce mode de transport. Jeune apprenti, le père, né pauvre, se retrouve employé à la surveillance et à l'entretien des machines à vapeur servant au pompage de l'eau des mines de Wylam. Il construit rapidement sa première locomotive de ses propres mains, et elle circule en 1815. Il y a déjà un certain temps qu'il réfléchit au remplacement des chevaux par un autre moyen de remorquage. Sa réussite personnelle est sans nul doute la *Rocket*, qui va gagner le concours de Rainhill et donner naissance à une impressionnante génération de machines identiques du type Patentee.

▲ *Dès 1815, George Stephenson œuvre dans la construction de locomotives. Sa consécration lui est offerte par la* Rocket *mise en service en 1829. Victorieuse du concours de Rainhill, cette machine aura une nombreuse descendance dans divers pays. (Angleterre)*

Le fils Robert est, dès l'âge de 20 ans, aux côtés de son père et il dirige la société Robert Stephenson and Co. Mais de santé fragile, il part quelque temps en Amérique du Sud dans l'espoir d'une amélioration. Revenu en Angleterre, il participe activement à la réalisation de la célèbre *Rocket*. Jusqu'à la fin de sa vie, à 56 ans, il dirige la compagnie qui va construire non seulement des locomotives, mais également de grands ponts comme celui de Newcastle ou d'autres, notamment au Canada.

◀ *Cette carte postale, publiée au début du XXe siècle par le London and North Railway, présente un train de voyageurs de 1re classe avec voitures fermées, et un autre de 2e classe avec voitures ouvertes, ainsi que l'express anglo-américain en 1904. (Angleterre)*

15

La véritable première locomotive

1804-1919 : Le chemin de fer et l'industrialisation

L'erreur de la théorie primitive démontrée, pratiquement tous les obstacles sont levés pour la construction de locomotives. Ce que fait George Stephenson, un Anglais, qui réalise en 1820 une locomotive à roues couplées au moyen d'une chaîne sans fin.

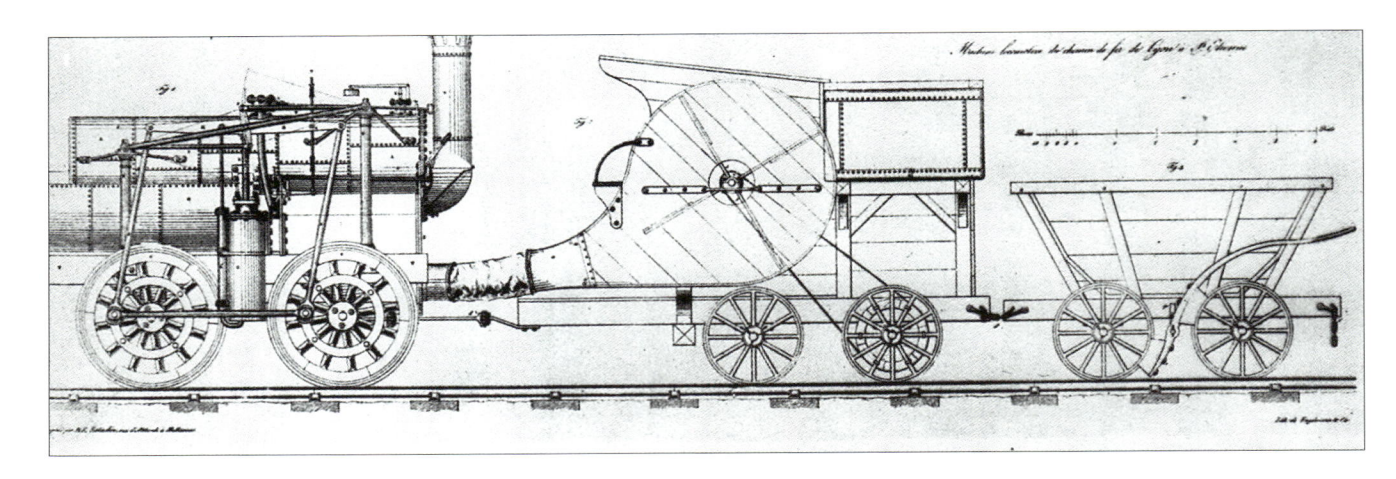

Innovant dans un domaine encore marginal, Stephenson installe des ressorts et substitue des bielles d'accouplement aux chaînes sans fin, rendant ainsi les roues solidaires, un progrès important pour espérer l'augmentation des charges transportées. Ne s'arrêtant pas en chemin, il assure l'alimentation de la chaudière par l'installation d'une pompe qui puise l'eau dans un tender attelé à la locomotive. Ainsi, l'ensemble machine plus tender pèse environ 10 tonnes et peut remorquer 30 tonnes à la vitesse de 10 km/h. Ces chiffres font évidemment sourire à notre époque, mais dans le contexte d'alors ce n'est pas la « performance » qui est prise en compte, mais bien les sérieux espoirs que Stephenson a fait naître.

La technique évolue

Jusqu'en 1825, cependant, aucun progrès marquant n'est à signaler. À cette époque, Hackworth imagine de disposer les cylindres moteurs latéralement à la chaudière et de limiter leur action à un seul essieu.

▲ *Telle se présentait la première « locomotive » française, due à Marc Seguin. Réalisée en 1829 pour le chemin de fer de Saint-Étienne, cette machine était dotée d'une chaudière tubulaire, une technique élaborée par l'ingénieur français. (France)*

En 1827, le chemin de fer de Saint-Étienne à Lyon, en France, qui allait entrer en activité, fait venir pour son exploitation deux locomotives construites par Stephenson. Elles sont examinées par l'ingénieur français Marc Seguin, qui est frappé par leur faible production de vapeur. Il y remédie en leur apportant le perfectionnement qu'il vient d'appliquer aux chaudières des bateaux du Rhône, c'est-à-dire le système tubulaire. Stephenson, mis au courant de cette innovation

▼ *Sans nul doute la plus célèbre des locomotives de vitesse du XIXe siècle. Sous Napoléon III, la Crampton battit des records, roula en service quotidien à 120 km/h et fut surnommée le « lévrier du rail ». Construite par Thomas Crampton à partir de 1844, cette locomotive ne sera pas prophète dans son pays. Seuls les Belges, les Américains et les Français se laisseront séduire par celle-ci. (France)*

Généralités sur la locomotive à vapeur

▶ *D'origine anglaise, la première locomotive allemande Der Adler (l'aigle) a circulé sur Nuremberg-Fürth. Sa carrière sera brève et la machine est vendue à la ferraille en 1857. En 1935, pour commémorer les 100 ans du rail en Allemagne, une reconstitution est commandée aux ateliers de Kaiserlautern. Sa réplique fidèle est exposée au musée de Nuremberg. (Allemagne)*

d'importance, décide de l'appliquer sur ses locomotives, car le système élaboré par Seguin conduit à des résultats prometteurs. Il peut commencer la construction de la *Rocket* (fusée), une locomotive destinée au concours organisé par le chemin de fer de Liverpool à Manchester, en Grande-Bretagne.

▼ *Une seconde réplique de la machine Adler a été construite dans les années 1950. D'abord machine d'exposition, elle a été mise en état de marche à l'occasion des 150 ans du rail en Allemagne, en 1985. Depuis, elle est souvent présentée lors de manifestations publiques dans son pays ou même à l'étranger comme ici à Vienne, en Autriche. (Allemagne)*

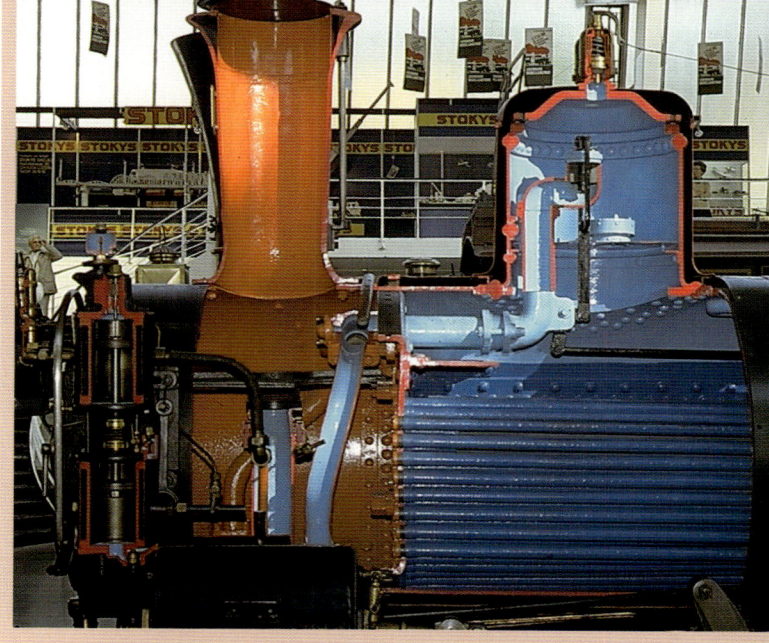

▲ *Cette locomotive, du type 040, a été construite en France par les établissements Schneider au Creusot. Conçue pour des fortes rampes, cette machine a circulé à partir de 1863 pour le compte de la compagnie Norte. (Espagne)*

Pour rendre sa construction encore plus compétitive, il apporte lui aussi quelques améliorations, dont un système de tirage par injection de la vapeur perdue dans la cheminée, une modification rendue nécessaire par la multiplication des tubes qui, en divisant les produits de la combustion, ralentissent le tirage. L'influence anglaise est immense sur le chemin de fer français, à l'origine. Les locomotives, le matériel ainsi que le personnel nécessaire à sa mise en œuvre venaient d'Angleterre. La conduite à gauche, en France, comme l'écartement des voies (4 pieds 8,5 pouces, soit 1,435 m) sont des témoins tangibles de cette

La chaleur dégagée par la combustion du charbon sur la grille du foyer provoque la vaporisation de l'eau contenue dans la chaudière. Après avoir été surchauffée, c'est-à-dire débarrassée du brouillard d'eau qu'elle contient en suspension par une élévation de température, la vapeur travaille alternativement sur les deux faces du piston.
De là, elle est évacuée dans l'atmosphère par l'échappement et la cheminée. Dans le dispositif d'échappement, le mélange vapeur-gaz de combustion crée une dépression, laquelle par appel d'air active la combustion de la grille. Lorsque la locomotive porte elle-même ses approvisionnements en charbon et en eau, on l'appelle « locomotive-tender ». Dans le cas contraire, c'est-à-dire lorsque cette locomotive remorque un tender contenant le combustible et l'eau, on dit alors que c'est une machine « à tender séparé ».

▲ *Cet « éclaté » d'une chaudière de locomotive à vapeur, présenté au musée des Transports de Lucerne en Suisse, est destiné à expliquer le fonctionnement de ce mode de traction.*

▲ *La véritable* Rocket *disparue, une réplique a dû être construite pour commémorer les 150 ans du concours de Rainhill. Celle-ci, très prisée du public anglais, sort aussi de ses frontières pour participer à des manifestations publiques. On voit cette réplique à Cannes en France lors d'un salon des chemins de fer. (Grande-Bretagne)*

influence. Les locomotives françaises construites à l'origine sur des plans anglais, chez Buddicom à Rouen, Jean-François Cail à Paris ou encore André Koechlin à Mulhouse, se francisent par la suite, et vont suivre une voie tout à fait originale, parfois en contradiction avec les théories de Stephenson.

La fusée et le concours de Rainhill

La *Rocket*, sortie des ateliers de George et Robert Stephenson (son fils) en 1829, est l'une des participantes au concours de Rainhill en Grande-Bretagne. Il est ouvert aux engins de moins de 6 tonnes, longs de moins de 4,57 m, disposant d'une suspension à ressorts, et capables de remorquer trois fois leur poids en « consommant leur propre fumée » (il s'agit sans doute de vapeur). Le règlement prévoit aussi une vitesse maximale de 10 miles à l'heure (16 km/h) et une capacité de parcourir les 70 miles (112 km) en plusieurs allers et retours. Durant une semaine, le concours, auquel assistent des curieux venus de tout le pays, voit aussi la participation d'un engin appelé *Cyclopède,* soit un tapis roulant animé par un cheval. Celui-ci est disqualifié par le jury. Hackworth, dont la renommée est grandissante, y prend part avec sa *Sans Pareil*. Sa prestation est perturbée par des pannes diverses et des pièces qui lâchent. La *Sans Pareil* va s'en tirer honorablement mais pas suffisamment pour impressionner le jury du concours.

Une autre machine est présente : la *Novelty* (nouveauté), due aux ingénieurs Braithwaite et Ericsson, qui a la particularité d'être un wagon plat surmonté d'une chaudière verticale et d'une cheminée à l'arrière. Il s'en est fallu de peu que la *Novelty* ne gagne

◀ *Cette machine type 020, deux roues motrices, a été construite en 1869 par Hartmann à Chemnitz. Utilisée pour la remorque de trains mixtes marchandises/voyageurs, elle ne circulait qu'à la vitesse maximale de 50 km/h. (Allemagne)*

l'épreuve car elle put frôler les 50 km/h. Hélas pour ses constructeurs, la locomotive a explosé dès le premier essai et, malgré des réparations et de nouvelles tentatives, sa prestation n'est pas retenue.
C'est la *Rocket* de Stephenson qui l'emporte, et la cause est entendue. La ligne de Liverpool à Manchester est exploitée en traction vapeur. Cette locomotive a roulé à plusieurs reprises à plus de 22 km/h en remorquant plus de 13 tonnes. Sans charge elle circule à 40 km/h et atteint même 56 km/h, établissant le premier record du monde de vitesse sur rails. Il va sans dire que par la suite les Stephenson vont perfectionner cette locomotive en lui donnant encore plus de puissance et en augmentant sensiblement le nombre des tubes de la chaudière. Ils permettront ainsi à plusieurs pays d'inaugurer leur première ligne de chemin de fer et d'aider au démarrage des activités ferroviaires.

▲ *Mise en service en 1853 pour le compte de la Compagnie de l'Est, la locomotive 0.75 la Carniole fait partie d'une série de 58 machines fournies par Cail et Compagnie. La photographie, prise en 1872, la montre au dépôt de la Villette, près de Paris. (France)*

▲ *L'une des concurrentes les plus sérieuses de la* Rocket *devait être la* Sans Pareil *construite par Timothy Hackworth en 1829. Au concours de Rainhill en 1830, elle accumula les pannes et déconvenues diverses. On voit une reconstitution de cette machine lors du festival « Rocket 150 » organisé 150 ans plus tard, en mai 1980 à Rainhill. (Angleterre)*

▼ *La locomotive* Licaon *a été construite à Vienne en 1851. Conçue pour la traction de trains de marchandises, elle va servir jusqu'en 1923, année où elle est vendue à un réseau industriel. À sa réforme, elle est placée sur un socle devant la gare de Linz. C'est en 1985 qu'elle a été rénovée, ce qui a fait d'elle l'une des plus anciennes machines en service. (Autriche)*

Marc Seguin

▲ *Le nom de Marc Seguin est associé à l'histoire du rail en France grâce à sa locomotive de 1829. On lui doit aussi l'invention des « ponts en fil de fer » (Tournon, 1825) et une participation déterminante dans l'amélioration de la navigation sur le Rhône. Un square, à Tournon, rend hommage à cet inventeur. (France)*

L'aîné de quatre frères, Marc Seguin est né à Annonay en avril 1786. Il a pour oncle le célèbre Joseph de Montgolfier qui prend en charge son éducation dans la capitale, à partir de 1819. Avec ses frères, il fonde une société chargée d'opérations industrielles et, en 1825, il est l'inventeur des ponts « en fil de fer » dont le premier exemplaire est posé à Tournon. Il participe également avec ses frères au chemin de fer de Lyon à Saint-Étienne en 1827, l'un des premiers sur le territoire français. Marc Seguin souhaite y introduire la traction mécanique en lieu et place de la traction animale. Pour ce faire, il effectue deux voyages en Angleterre pour visiter les « railways » (chemins de fer) existants, et il a même l'occasion de rencontrer George Stephenson. Cette rencontre n'aboutira à aucune concrétisation et Seguin traite avec les ingénieurs Taylor et Martineau pour les machines à vapeur des bateaux du Rhône, une affaire dont il s'occupe aussi. C'est d'ailleurs pour ces bateaux qu'une de ses inventions, la chaudière tubulaire à tubes de fumée, est brevetée puis essayée. La première moitié de 1828 est consacrée à la poursuite des essais sur la chaudière, et en mars-avril deux locomotives sont achetées à Robert Stephenson. Celles-ci s'avèrent trop lourdes et trop lentes ce qui décide Seguin à construire lui-même sa première machine à chaudière tubulaire. Ses essais étaient sur le point d'aboutir lorsqu'eut lieu au printemps 1829 le concours de Rainhill. C'est la *Rocket* de Stephenson qui l'emporta, une locomotive munie d'une chaudière tubulaire ! Ce n'est qu'à l'automne que la première machine Seguin voit le jour. Mais, contrairement à son collègue anglais, Seguin a, dès le mois d'octobre, déposé le brevet relatif à l'application de sa chaudière aux locomotives. Douze machines du type Seguin, présentant quelques variantes par rapport à la locomotive initiale de 1829, sont construites jusqu'en 1838. Mais sa découverte va modifier de manière sensible l'évolution de la traction à vapeur non seulement en France, mais aussi dans le monde entier. Marc Seguin meurt en 1875.
Une réplique grandeur nature et fonctionnelle de la première machine a été construite par une association française qui la présente lors de manifestations publiques. Enfin, un square porte le nom de l'ingénieur français, à Tournon.

Une ère nouvelle débute

1804-1919 : Le chemin de fer et l'industrialisation

C'est la Rocket *qui fait de son inventeur le premier grand industriel du chemin de fer. Les avancées technologiques de la Grande-Bretagne, dans une Europe sur le chemin de l'industrialisation, éveillent une grande curiosité mais surtout un désir fort de ne pas rester à l'écart du progrès.*

La traction animale s'efface

En France, entre Saint-Étienne et Andrézieux (avec une antenne vers la Fouillouse), un chemin de fer à traction animale est inauguré en octobre 1828. D'une longueur de 17 km, il est destiné au transport de la houille. Mais il faut attendre un peu moins de quatre années pour que, en mars 1832, circule le premier convoi de voyageurs. Celui-ci est matérialisé par une sorte de diligence aménagée pour circuler sur des rails métalliques et tractée par un cheval. C'est beaucoup plus tard, en 1844, que le cheval cédera sa place à la locomotive, tandis que les premières véritables « voitures » ne feront leur apparition qu'en 1850.

Entre-temps en Allemagne, le roi de Bavière, Louis Ier, donne son approbation par décret, en 1834, pour la construction d'un chemin de fer devant relier Nuremberg à Fürth, sous l'impulsion énergique du promoteur de la ligne, un certain Johannes Scharrer. Celui-ci n'est autre que le bourgmestre, et il entend par ce moyen participer à l'industrialisation du royaume de Bavière. L'idée est la bienvenue car le monarque veut se montrer « moderne » et posséder « son » chemin de fer. Mais l'industrie bavaroise, et allemande en général, n'est pas équipée pour la construction de locomotives. Le roi doit faire fi de la fierté nationale et faire appel au seul pays capable de construire des locomotives : l'Angleterre.

Scharrer, irrité par le recours à la solution anglaise, tente de chercher un débouché auprès d'une firme du Bade-Wurtemberg installée à Aalen, mais en vain. Ses promesses de faire mieux que les machines anglaises, surtout au niveau de la consommation de charbon, restent lettre morte et il doit se rendre en Angleterre. C'est chez Robert Stephenson and Co, une firme qui a déjà construit un grand nombre de locomotives, pour l'Angleterre mais aussi pour la France et la Belgique, qu'il passe commande d'une machine baptisée *Der Adler* (l'aigle). Il s'agit ni plus ni moins d'une machine du type standard, appelé par la firme Patentee (breveté), qui est livrée en pièces détachées mais en temps et heure pour l'inauguration de la ligne Nuremberg-Fürth, longue de 6,4 km.

◀ *Le tout premier train allemand circule en 1835 entre Nuremberg et Fürth en Bavière. La locomotive a été fournie par George et Robert Stephenson. L'inauguration du 7 décembre 1835, en présence du roi Louis Ier de Bavière, fut une immense fête populaire qui consacre la volonté de modernité du monarque. (Allemagne)*

◀ *Locomotives construites par Kitson & Co à Leeds, de 1840 à 1867. Cette galerie présente l'évolution du type 111 : un bissel avant, un essieu moteur et un bissel arrière. (Angleterre)*

◀ *Tous les monarques n'étaient pas effrayés par le chemin de fer. La souveraine britannique, la reine Victoria, n'hésitait pas à voyager à bord de son train royal, comme ici en août 1855.*

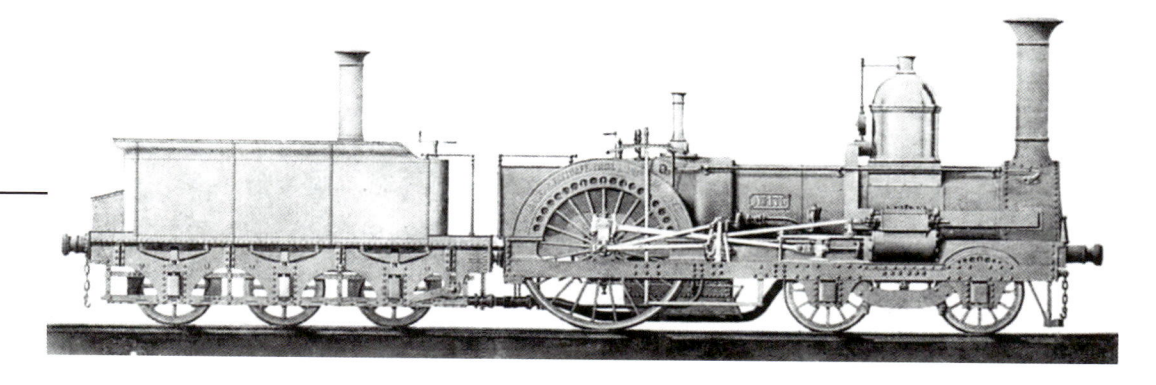

Circulant dans la campagne, cette ligne est en fait une ligne de démonstration de l'État bavarois, joignant la grande ville à une bourgade qui n'en demandait pas tant. Contrairement à bien d'autres, elle s'ouvre aux voyageurs dès le début de l'exploitation et n'est autorisée au transport des marchandises que l'année suivante. Le succès est tel que lors de la première année de circulation l'on dénombre 450 000 voyageurs.

▲ *Cette* Crampton *allemande a été acquise par les chemins de fer de l'État de Hanovre en 1857. C'est Georg Egestorff qui a réalisé cette curieuse machine dont le tender est, lui aussi, équipé d'une cheminée.* (Allemagne)

Cette réussite démontre le bien-fondé du chemin de fer et son formidable aspect commercial qui peut favoriser d'excellentes affaires. Cependant, cette inauguration ne se déroule que le 7 décembre 1835 et non à l'occasion de l'anniversaire du roi, le 25 août. Il s'en est fallu de peu que l'Allemagne ne rate le train ! Dans le même temps, multipliant les mises en garde et les appels à la raison, les médecins de Nuremberg tentent de dissuader le roi de se doter d'un chemin de fer. Ceux-ci estiment que les voyageurs risquaient d'être touchés par le *delirium furiosum*, du fait des secousses provoquées par la voie et de la trop grande vitesse préjudiciable sur le plan de la santé… Craignant que les agriculteurs ne soient atteints par des maladies

◀ *L'une des premières machines mises en service en Suède, la Göta a été construite en 1866. De configuration de roues 111, soit un essieu moteur, cette machine restaurée a participé à diverses commémorations dans le pays.* (Suède)

▼ *Cette scène représente un carreau de mine vers 1815. Des machines fixes animent les treuils de remontée du charbon, et des locomotives du type Killingworth traînent des convois charbonniers.* (Angleterre)

▲ *Inaugurée en 1835, la première ligne belge conduisait de Bruxelles à Malines. Trois locomotives ont été construites en Angleterre dont L'Éléphant vue ici 150 ans plus tard lors de la commémoration du premier train dans le pays. Le monument placé derrière la machine est le point kilométrique 0 de toutes les lignes belges. (Belgique)*

mentales en regardant passer les trains, ces mêmes médecins préconisent la construction de hautes palissades en bois le long de la voie. Quant aux nombreux propriétaires des terrains choisis pour le tracé de la ligne ferroviaire, ils sont opposés à cette construction, redoutant une chute des prix agricoles, donc des terrains et de leurs revenus. Selon leurs dires mais aussi leurs écrits, les récoltes risquaient d'être brûlées par les locomotives. Mais cette peur du chemin de fer n'est pas qu'allemande ; en France elle donnera matière au caricaturiste Daumier qui ne s'en privera pas.

L'Europe adopte les chemins de fer

L'un après l'autre, les pays d'Europe optent pour les chemins de fer. C'est aussi le cas de la jeune nation belge, formée en 1830, qui se dote d'une première ligne dès 1835, reliant la capitale, Bruxelles, à Malines. Un an plus tôt, l'Irlande a inauguré son premier chemin de fer entre Dublin et Kingstown (aujourd'hui Dun Laoghaire).

C'est au tour de l'Autriche, puissant empire d'Europe centrale, de se doter d'un chemin de fer ouvert au transport des voyageurs, en 1837. Les nombreuses matières premières produites par les pays « contrôlés » parvenaient le plus souvent par voie fluviale ou à cheval, ce qui entraînait des temps de parcours importants avant la mise sur les marchés des productions. Permettant également d'acheminer à terme de l'armement, donc des militaires, le chemin de fer est considéré comme une option vitale au développement. L'homme de la première heure s'appelle Franz Riepl. Il croit au chemin de fer et il voit grand. La première ligne qu'il propose fait partie d'un vaste réseau de plus de 2 200 km. Mais là aussi, l'industrie nationale ne peut construire de locomotives. C'est une fois encore la firme Robert Stephenson and Co, basée à Newcastle, qui vient en aide. Le 23 novembre 1837, la locomotive *Austria*, tractant un convoi de huit

▶ *Les gazettes faisaient souvent mention des risques encourus par ceux qui prenaient le chemin de fer. Pour illustrer ces assertions, elles publiaient des caricatures explicites mais souvent en totale contradiction avec la réalité. L'un de ces caricaturistes, Honoré Daumier (1808-1879) était réputé pour ses dessins féroces de la société du XIXᵉ siècle. Ceci lui valut de finir sa vie banni de la société. (France)*

▲ *Les machines Buddicom ont connu une longévité exceptionnelle, certaines d'entre elles ayant accompli 70 ans de service. Livrées à partir de 1843, ces machines, qui étaient robustes et simples de fonctionnement, ont été construites en Angleterre, puis dans l'Europe entière, et bien sûr en France. Elles circuleront principalement sur la ligne Paris-Rouen-Le Havre en tractant des voitures à 2 essieux et caisses en bois, un net progrès pour l'époque. (France)*

Un accueil sans enthousiasme

Le chemin de fer a, dès ses débuts, passionné ses contemporains. Il y avait ceux qui y voyaient un progrès certain et les autres une création plutôt « démoniaque ». Si quelques louanges ont salué la naissance du « taureau de fer », ce sont plus les assauts des détracteurs qui se sont fait entendre.
Adolphe Thiers lui-même parlait de « montagnes russes » et surtout de « jouet pour l'amusement public » ! Arago, dès 1835 lors de la construction du tunnel des Batignolles, affirme même « que les personnes sujettes à la transpiration gagneront des fluxions de poitrine ».
D'autres esprits tout aussi chagrins prévoient que « les poumons seront écrasés et que le sang jaillira du nez, de la bouche, des oreilles et des yeux ». Pas moins...
Le très sérieux Institut médical de Bavière était l'un des plus farouches opposants au chemin de fer. L'un de ses rapports préconisait de prohiber le transport des personnes par ce moyen, dans l'intérêt de la santé publique, et mentionnait des troubles sérieux dans le cerveau des voyageurs.

Quant à Michelet il écrit : « L'extrême rapidité des voyages est une chose antimédicale. Aller, comme on le fait, en vingt heures de Paris à la Méditerranée en traversant d'heure en heure des climats différents, c'est la chose la plus imprudente pour une personne nerveuse ; elle arrive ivre à Marseille, pleine d'agitation, de vertiges. »
Enfin pour clore ce florilège de déclarations, citons encore Louis Veuillot : « Le chemin de fer, l'image même de la démocratie ; je ne suis plus un homme, je suis un colis ; je ne voyage plus, je suis expédié. »

▼ *Arrivée au Pecq du train inaugural de la ligne Paris–Saint-Germain en août 1837. Les gazettes de l'époque rapportent que le roi Louis-Philippe ne se risqua pas dans le train inaugural, laissant le soin à la reine et à ses trois fils de « braver le danger ». (France)*

voitures (accueillant 164 passagers) entre Floridsdorf et Deutsch-Wagram, près de Vienne, effectue le parcours de 13 km en 26 minutes.
En fait, c'est cinq années auparavant, dès 1832, que l'Autriche a accueilli son premier chemin de fer. Mais cette ligne, entre Linz et Budweis, établie sous l'impulsion d'Anton Ritter von Gerstner, était exploitée en traction animale par chevaux, et elle assurait principalement du trafic marchandises. Pourtant, von Gerstner souhaitait une traction par locomotives à vapeur, mais les actionnaires de la ligne avaient refusé cette innovation encore jugée dangereuse.
La même année, la ligne de Paris à Saint-Germain est inaugurée. Ce n'est que la deuxième ligne par rapport au réseau anglais déjà bien développé. Le retard pris par la France n'est pas le fait d'une incapacité, mais plutôt d'un désintérêt manifesté par les autorités.
Le ministre Thiers n'accorde, en 1833, que peu de crédits pour le rail, les études de voies ferrées ne lui paraissant guère justifiées. Cette attitude va conduire certains historiens à parler du « retard français » dans ce domaine…

23

Un développement rapide

1804-1919 : Le chemin de fer et l'industrialisation

L'essor du chemin de fer en Europe comme sur le continent américain ne se fait pas attendre. L'industrialisation naissante entraîne une activité économique sans précédent, et les chemins de fer permettent de réduire les temps d'acheminement tout en augmentant sensiblement la charge des matières transportées.

C'est avant tout le trafic des marchandises qui va permettre un accroissement des voies ferrées dans le monde. En Europe, l'Italie et les Pays-Bas emboîtent le pas en 1839, suivis en 1846 par la Hongrie avec la réalisation de la ligne entre les deux capitales, Vienne et Budapest. En 1847, c'est au tour de la Suisse de s'ouvrir au chemin de fer.

Une invention appréciée

L'année d'avant, une petite section de ligne française avait atteint Bâle, mais la véritable première ligne relie Zurich à Baden. On la surnomme vite « chemin de fer des petits pains espagnols » car elle transporte vers Zurich une pâtisserie, spécialité de Baden. La même année, le Danemark puis, un an plus tard, l'Espagne (1848) se dotent de cet outil de développement. Il est utile de rappeler qu'à cette époque les contours de l'actuelle Europe ne sont pas encore définitivement dessinés, plusieurs pays étant sous la « protection » ou tutelle d'autres nations ; c'est le cas de la Norvège, de la Pologne ou encore de la Bulgarie. Mais le besoin de mobilité des hommes d'affaires et surtout des diplomates, en ces temps où la paix est une notion bien fragile, prend le dessus sans pour autant minimiser les rôles futurs du chemin de fer sur le plan militaire. Sur les autres continents également, les autorités ont compris que cette invention est facteur de développement rapide.

▲ *La première gare de Zurich, en 1847, était en dehors de la ville. Elle avait été construite entre les rivières Limmat et Sihl et n'était accessible que par des petits ponts. (Suisse)*

▼ *Construite en Allemagne par Kessler, la Genf (Genève) a été introduite à partir de 1858 sur la ligne du Hauenstein reliant Bâle à Olten. Du type Engerth, du nom d'un ingénieur autrichien qui a déposé un brevet de locomotive de montagne, elle est dévolue à la traction des trains de voyageurs. Réformée, elle est restée longtemps l'une des plus anciennes locomotives européennes en état d'origine et de marche. (Suisse)*

Après l'Europe, l'Amérique

Sur le continent américain, les États-Unis, qui dès 1827 avec la compagnie du Baltimore & Ohio ont ouvert leur première ligne avec traction par chevaux, accueillent leur première locomotive en 1833. Le Canada (1836) puis Cuba (1837) disposent de lignes ferroviaires bien avant diverses nations européennes. En Afrique, c'est l'Égypte qui est la première à se doter d'une ligne, dès 1858, avec une voie métrique entre Alexandrie, Le Caire et Suez, dont le poste d'ingénieur en chef était occupé par… Robert Stephenson en personne. Les autres pays africains, encore des « colonies » de grandes puissances, attendront plus longtemps ce progrès. L'Asie accueille le premier chemin de fer en Inde avec la mise en service, en novembre 1852, de la ligne Bombay-Thana longue de 40 km. Enfin, c'est un peu plus tôt, en 1850, que l'Australie a commencé à s'équiper de

Un ambitieux programme français

▲ *L'une des toutes premières locomotives américaines, datant de 1850. De configuration de roues type 211, cette machine ne disposait que d'une roue motrice. Numérotée 5000, cette locomotive portait le nom de Lovett Eames. (États-Unis)*

lignes ferroviaires dans les provinces de Victoria et d'Australie méridionale.

Un grand nombre de pays des différents continents a vite saisi le sens du terme « progrès » en matière de chemin de fer. Il est évident que le rail est vite devenu un outil extraordinaire de développement dans le domaine des marchandises, les volumes transportés étant sans commune mesure avec ce qui se pratiquait auparavant. Pour les transports voyageurs, les autorités se sont concentrées en priorité sur les lignes intérieures, avant de découvrir les charmes des relations internationales. D'autres pays, expansionnistes avant l'heure, ont vu dans le chemin de fer une arme, par ses possibilités d'acheminement massif et rapide de matériel et d'hommes.

La quête de vitesses encore plus élevées dans les trente années qui suivront va ouvrir de nouveaux appétits guerriers. Quel que soit le domaine, le mot « progrès » rime souvent avec celui de « militaire », chaque avancée technologique (avions, bateaux) étant mise à profit par les armées dans le but de prévenir d'éventuels dangers. Cette dualité aurait pu lui être fatale : au contraire, le chemin de fer va connaître un formidable essor, heureusement surtout au service des hommes, en les rapprochant et en leur permettant de mieux se connaître.

▲ *Introduites à partir de 1850, les voitures à essieux de la Compagnie du chemin de fer de Paris à Orléans sont sans nul doute un réel progrès par rapport aux diligences. Mais leur empattement réduit et leur incapacité à rouler vite sur les rails courts de l'époque ainsi que leur manque de confort et leur insécurité les empêchent d'être appréciées des voyageurs. La photographie présente une voiture mixte 2ᵉ classe/bagages destinée aux « trains de vitesse », comme indiqué sur le châssis. (France)*

Une fois que les Anglais eurent démontré l'utilité d'un réseau ferroviaire, les Français mirent plusieurs années avant de construire un système adapté à leurs lois et à leurs principes politiques. En 1842, Adolphe Thiers, ministre de Louis-Philippe, fait voter d'importants crédits pour la mise en œuvre d'un vaste réseau ferroviaire. C'est sans aucun doute le plus ambitieux programme jamais réalisé dans ce domaine. Ce plan fut modifié et enrichi par trois fois, en 1859, 1865 et 1879. À cette époque, la longueur des lignes exploitées atteint tout juste 2 000 km. Sous l'impulsion de Charles de Freycinet, il fut décidé que toutes les sous-préfectures ou toutes les villes de plus de 1 500 habitants devaient être desservies par le chemin de fer. Une classification apparaît avec des lignes « d'intérêt général » et d'autres « d'intérêt local ». Là où la voie normale ne pouvait passer, on opta pour des lignes à écartement métrique, une solution moins coûteuse.

Bien vite, le kilométrage atteint les 22 000 km, soit un peu plus de 700 km construits par an, et ce à la pioche, à la pelle et avec des brouettes et des tombereaux. Sans téléphone, ni radio, les ingénieurs se rendaient à cheval sur les chantiers et employaient des coursiers pour établir les liaisons car – est-il besoin de le rappeler – il n'était pas encore question d'électricité. On ne peut que s'émerveiller devant les exploits de ceux qui ont participé à ce réel tour de force. Mais cette frénésie de construction entraîne quelques débordements, et une nouvelle loi, en 1913, fixe de nouvelles modalités plus sévères pour l'attribution des concessions. Il est vrai que l'utilité de certaines lignes reste tout à fait discutable, mais elles représentent alors un atout électoral important, conforté par l'idée d'une nécessité publique. En 1914, un tiers du réseau français était en voie métrique. Le premier conflit mondial met un terme à ce développement.

▼ *Exemple de longévité dans le monde des chemins de fer. Cette locomotive, construite en France à Graffenstaden en 1863, assure un train omnibus 100 ans plus tard. On la voit en gare de Marchena en juin 1963. Elle survivra encore quelque temps avant d'être réformée. (Espagne)*

Le monde se convertit au chemin de fer

1804-1919 : Le chemin de fer et l'industrialisation

La mode du chemin de fer, parfois un argument de poids en période électorale, gagne l'ensemble du continent européen. En 1850, on compte plusieurs milliers de kilomètres de voies, et les projets sont très nombreux. Mais cet outil de développement n'intéresse pas que l'Europe. Avec un temps de retard, les autres continents se convertissent eux aussi au chemin de fer.

En France, en 1880, l'ingénieur et homme politique, M. de Freycinet, réorganise les transports. Le pays compte alors déjà 25 000 km de voies. Sous le nom de plan Freycinet, le ministre des Travaux publics fait voter un programme ambitieux comprenant la construction de 150 nouvelles lignes de chemin de fer. Le total représente environ 10 000 km et ne concerne que des régions peu peuplées et éloignées de toute activité commerciale. On admet cependant que ce plan n'a eu pour but que de favoriser le développement économique du pays. En 1900, plus de 38 000 km de grandes et petites lignes d'intérêt général sont en exploitation. C'est la guerre de 1914-1918 qui arrête net la construction de lignes commencées ou en projet. Une multitude de lignes secondaires et départementales ne furent jamais réalisées.

Un essor sans précédent

En Grande-Bretagne, le berceau du chemin de fer, pays où les entrepreneurs sont loin d'être encouragés par leur gouvernement, les compagnies ont construit un vaste réseau de lignes principales complété par des lignes d'intérêt local. Après soixante-dix années d'existence, le réseau britannique comprend 32 000 km. Seules quelques petites bourgades n'ont pas réussi à être reliées au chemin de fer. Cette prolifération de compagnies entraîne une réforme, et le Parlement les regroupe, en 1923, dans quatre grandes entités. Cette mesure tend à renforcer les compagnies les plus fragiles, qui ont durement ressenti la Première Guerre mondiale.

▲ *L'avènement du chemin de fer coïncide avec la création de l'État belge en 1830. Pour renforcer l'unité du pays, le gouvernement a entrepris lui-même la construction de la plupart des grandes lignes. La photo prise en 1910 montre un train de marchandises sur l'axe Bruxelles-Mons. La machine a été construite en 1884. (Belgique)*

▼ *Une voiture du PLM datant de 1911 a été photographiée pendant la guerre de 1914-1918, lors d'une période d'entretien. La présence importante de femmes s'explique par l'envoi des hommes au front. (France)*

À propos des écartements

L'autre puissance politique et économique du continent européen, l'Allemagne, compte, en 1870, près de 19 000 km de voies ferrées. Le chemin de fer va participer à l'effort de guerre lors du conflit qui l'oppose à la France en 1870-1871. Le pays est unifié par son nouveau souverain, et les chemins de fer jouent un rôle important dans cette unification. À la fin du XIXᵉ siècle, le total des lignes exploitées dépasse les 64 000 km. Le réseau, cependant quelque peu disparate, est exploité par des compagnies dont la tutelle est exercée par les États allemands. L'Empire allemand poursuit son œuvre d'unification en regroupant dans une seule et unique compagnie la quasi-totalité du réseau allemand. Ainsi, une loi de 1920 décide la création d'une entreprise unique, la Deutsche Reichsbahn Gesellschaft ; l'application en est fixée au 1ᵉʳ janvier 1924.

▲ *L'un des axes majeurs du pays, la ligne du St-Gothard, a été inauguré dès 1882. Sa vocation internationale de transit, tant en voyageurs qu'en marchandises, ne s'est pas démentie, et un tunnel de base devrait être construit dans les années à venir pour absorber le surplus de trafic. (Suisse)*

▼ *Le développement du réseau ferroviaire britannique est tel qu'au début du XXᵉ siècle, seules les petites bourgades ne sont pas reliées au chemin de fer. Sur la plus grande île anglo-normande, le chemin de fer de la Corbière desservait Saint-Aubin. (Jersey)*

▲ *C'est l'écartement « normal » de 1,435 m qui est le plus répandu de nos jours dans le monde. Divers projets de mise au niveau standard existent dans plusieurs pays, mais l'entreprise s'avère des plus coûteuses.*

L'écartement des voies, dit « normal » (1,435 m ou 4 pieds 8,5 pouces en système impérial), correspond à l'ancien écartement des roues de diligences, avant la création des chemins de fer. Au début du XIXᵉ siècle, les pionniers du rail adoptent cet écartement, mais des raisons stratégiques sont à l'origine des choix russe et ibérique qui optent pour celui de 1,524 m et 1,676 m respectivement. En fait, d'autres écartements vont se développer, notamment avec la voie métrique ou les lignes à écartement « bosniaque » (760 mm). Voici une répartition sommaire de ces écartements dans le monde.
- 1,829 m : Russie
- 1,676 m : Espagne, Portugal, Argentine, Inde, Chili
- 1,600 m : Nouvelle-Zélande, Australie, Brésil, Irlande
- 1,524 m : Russie, Finlande, Chine
- 1,435 m : France, Allemagne, Italie, Grande-Bretagne, Suisse, Autriche, Hongrie, Grèce, Corée, États-Unis, Canada, Australie, Pologne, Iran, Irak, Turquie, Égypte, etc.
- 1,200 m : Suisse
- 1,067 m : Indonésie, Japon, Nouvelle-Zélande, Afrique du Sud, Australie
- 1,054 m : Jordanie
- 1,118 m : Espagne
- 1,000 m : Suisse, France, Allemagne, Espagne, Grèce, Brésil
- 0,950 m : Sardaigne, Sicile, Italie
- 0,914 m : Espagne, Pérou, Cuba, île de Man, Mexique
- 0,900 m : Italie, Allemagne, Pologne, Portugal
- 0,890 m : Suède
- 0,850 m : Norvège
- 0,800 m : Suisse, Suède
- 0,785 m : Pologne, Finlande
- 0,762 m : Inde, Bolivie
- 0,760 m : Autriche, Bulgarie, Bosnie, Yougoslavie, République tchèque, Hongrie, Roumanie
- 0,750 m : Suisse, Allemagne, Grèce
- 0,700 m : Luxembourg
- 0,675 m : Grande-Bretagne
- 0,610 m : Afrique du Sud, Pérou, Inde, Japon, Venezuela
- 0,600 m : Pologne, Suisse, France, Grande-Bretagne
- 0,500 m : Pologne
- 0,381 m : Grande-Bretagne

De nos jours, un grand nombre de ces écartements a disparu. La majorité des lignes est à l'écartement de 1,435 m, mais la voie métrique est encore bien répandue. La Russie et l'Espagne ont maintenu leurs écartements traditionnels.

▼ *L'écartement de 0,800 m a été choisi par divers chemins de fer de montagne, en Suisse.*

119 JERSEY. - St-Aubin. - Le Chemin de fer de la Corbière. The Railway of the Corbière. — LL

▲ *Construite en 1872, cette locomotive baptisée* Reno *est un symbole du « far west » américain. Ce vétéran des grandes pages de l'histoire du pays existe encore de nos jours ; fort heureusement il a été préservé de la démolition. (États-Unis)*

Enfin, en Italie, l'unification du pays est suivie par une réorganisation des principales lignes de chemin de fer. En 1871, Rome devient la capitale du pays ; le tunnel du Mont-Cenis (13,5 km) est ouvert ; les Autrichiens doivent quitter la Vénétie tandis que les États pontificaux sont réduits à la cité du Vatican. Différentes lois tentent d'unifier les chemins de fer, et l'une d'elles, en 1905, décide de la création d'une société nationale, les chemins de fer de l'État italien (Ferrovie dello Stato).

▲ *En Indonésie, la première ligne est apparue en 1864 sur l'île de Java. L'extension du réseau ferroviaire a été rendue possible par des investissements privés en vue de développer les intérêts agricoles. Seules les îles de Sumatra et de Java connaissent une activité ferroviaire. (Indonésie)*

Chaque année qui passe enregistre la création d'une première ligne de chemin de fer. L'empire du Soleil-Levant, autrement dit le Japon, met en service sa première ligne en octobre 1872. Elle ne mesure que 28 km et relie la capitale, Tokyo, à Yokohama. C'est à un ingénieur anglais que revient le mérite d'avoir posé les bases de ce qui va devenir un siècle plus tard l'un des meilleurs réseaux ferroviaires du monde.

Le rail partout dans le monde

Avec plusieurs années de retard par rapport aux pionniers anglais, allemands ou français, divers pays des autres continents se dotent des premières lignes de chemin de fer. Le matériel qui y circule provient d'Europe, où se sont installées des dizaines de sociétés de construction ferroviaire, qui vont se livrer une rude concurrence pour décrocher les marchés des pays sud-américains ou asiatiques.

▶ *Le chemin de fer au service de la guerre. La photo prise en 1912 ou 1913 date de la seconde guerre balkanique et représente des soldats serbes acheminés par un convoi militaire. (Serbie)*

En 1873, c'est la Bolivie, avec une ligne à vocation industrielle, et le Mexique qui entrent dans l'ère ferroviaire. La première ligne mexicaine suit la route prise par Cortés, le conquistador espagnol, entre Veracruz et la ville de Mexico. Longue de 425 km, elle va nécessiter vingt-huit années d'effort pour sa construction.

◀ *On a fait couler beaucoup d'encre sur la traversée des continents par le chemin de fer. Rien n'a cependant égalé la construction du Transsibérien, long de 9 493 km ! Cette entreprise gigantesque, réalisée de 1891 à 1915, permet de relier la capitale, Moscou, à Vladivostok. C'est encore aujourd'hui un axe vital pour le transport des marchandises. (Russie)*

▲ C'est dès 1891 qu'une première ligne à vocation militaire est construite au Soudan. Une nouvelle impulsion est donnée en 1906 avec la construction d'un nouveau port sur la mer Rouge, Port-Soudan. Celui-ci est relié à la capitale, Khartoum, par une importante ligne ferroviaire. (Soudan)

Un an plus tard, la Tunisie inaugure ses premières voies ferrées qui conduisent de Tunis à Bardo et à La Marsa. La Chine s'ouvre au chemin de fer, en 1876, avec une histoire particulière. Celle-ci débute avec l'obtention d'une concession par une compagnie anglaise d'une ligne de 14 km reliant Shanghai et Woosung. Sous l'influence des mandarins qui s'évertuèrent à démontrer les méfaits du chemin de fer, la réprobation populaire conduisit à détruire la ligne, après quinze années d'exploitation. Toujours en Asie, le Viêt-nam en 1885, la Malaisie en 1886 et la Thaïlande en 1893 accueillent leurs premières voies ferrées.

Le début du XXe siècle voit le chemin de fer apparaître en Irak (1902), et ce n'est qu'en 1915 que le Maroc ouvre sa première voie publique. Celle-ci relie Oujda à la frontière algérienne et rejoint Marrakech en passant par Fès, Rabat et Casablanca. Le parcours est de 930 km. Quant au réseau constitué à partir de 1912, et construit par l'armée française à des fins stratégiques, il ne peut être emprunté par les populations locales. L'Iran, quant à lui, ne rentre qu'assez tard dans l'ère du chemin de fer commercial. La construction du Trans Iranian Railway ne débute qu'en 1927 et va durer onze années. La capitale, Téhéran, est reliée au golfe Persique et à la mer Caspienne au prix de difficultés gigantesques dues aux problèmes techniques rencontrés pour le passage des montagnes traversées par la ligne.

▲ Au début du XXe siècle, Chypre, encore britannique, disposait d'un réseau de 108 km de voies. Une ligne partait de Famagouste sur la côte est et se dirigeait vers Morfou, sur la côte nord. L'activité ferroviaire a cessé en 1951. (Chypre)

États-Unis : un tiers du réseau mondial

L'aventure ferroviaire débute en août 1829 quand un certain Moratio Allen met en marche une locomotive à vapeur, la *Southbridge Lion*. Mal conçue, trop lourde pour la voie sur laquelle elle devait circuler, elle fut vite condamnée à l'immobilité. Il faut attendre 1833 pour que la première véritable ligne américaine fonctionne. Longue de 217 km, c'était à cette époque la plus longue du monde. Partant de Charleston (Caroline du Sud), elle traversait le Savannah pour gagner Hamburg. Dès que la traction à vapeur devient fiable, le réseau américain se développe de manière spectaculaire : entre 1830 et 1860, ce sont plus de 48 000 km de lignes qui sont ouvertes à l'exploitation. Le quart de siècle qui suit est la meilleure illustration de l'intérêt stratégique, économique et politique du chemin de fer. La guerre de Sécession de 1861 offre aux deux antagonistes le moyen d'utiliser pleinement ce nouvel outil. La nécessité du chemin de fer étant démontrée, une fois la paix revenue, le gouvernement va se consacrer à relier les États entre eux, et l'idée d'un chemin de fer est-ouest germe. En 1863, les travaux débutent. Une première partie (longue de 1 250 km) est achevée six ans plus tard, et le 10 mai 1869, le télégraphe de Promontory dans l'Utah diffuse la bonne nouvelle. Les deux équipes de construction ont établi la jonction tant attendue. Il n'est pas exagéré de penser que cette nouvelle a eu un retentissement aussi extraordinaire que le premier atterrissage sur la Lune un siècle plus tard. La conquête du chemin de fer va se poursuivre, et au cours des années qui suivent ce sont 112 000 km de voies ferrées qui sont posées. L'on peut dire que si ce sont bien les Américains qui ont construit les chemins de fer, ce sont bien les chemins de fer qui ont fait l'Amérique. Au début du XXe siècle, la longueur totale des lignes exploitées sur le continent nord-américain représente plus du tiers du réseau mondial. Cependant, ces chemins de fer semblaient devoir ouvrir un véritable âge d'or pour le progrès. Mais les ravages causés par quelques escrocs et des problèmes de sécurité ternissent quelque peu l'image du chemin de fer. Le trafic marchandises souffre de wagons en bois de construction trop légère et qui s'enflamment lors d'accidents. La concurrence est à l'état primitif certes, mais Henry Ford a commencé la production d'automobiles bon marché et les frères Wright font voler leur premier aéroplane.

▼ Dans les premières années du XXe siècle, la longueur des lignes exploitées aux États-Unis représentait un tiers du kilométrage mondial. C'est dire l'incroyable développement ferroviaire qu'a connu ce pays. La photographie donne un aperçu de cette disparité. Prise en 1900 à Richmond (Virginie), elle présente trois lignes de trois compagnies différentes évoluant sur trois niveaux. (États-Unis)

Les débuts du diesel et de l'électricité

1804-1919 : Le chemin de fer et l'industrialisation

Si la traction vapeur est omniprésente sur les lignes ferroviaires, elle ne tarde pas à être concurrencée par deux autres modes de traction. Un allemand, Rudolf Diesel, qui travaille sur un moteur à combustion thermique, dépose en 1893 un brevet, mais il faut attendre quatre années avant que celui-ci ne soit véritablement au point.

Ce qui va devenir le moteur Diesel ne va pas s'imposer rapidement dans les chemins de fer. Bien avant, ce sont l'aviation, la marine et l'automobile qui en font usage, et c'est la guerre de 1914-1918 qui donne à ce moteur sa première application à grande échelle. C'est à des fins militaires qu'il équipe des locomotives destinées à convoyer des armes et des munitions. Ces trains de campagne font appel au moteur Diesel plutôt qu'à la vapeur, car les machines ainsi pourvues sont beaucoup moins visibles de l'ennemi.

Premières applications du diesel

C'est dans les exploitations minières que le diesel trouve encore une application, et divers constructeurs élaborent des locotracteurs propulsés par ce moteur. Tandis que la traction vapeur arrive à son apogée dans les années 1920, grâce à des performances en progression et à une fiabilité améliorée, la concurrence routière prend un essor nouveau. Des lignes d'autocars sont ouvertes qui détournent une partie de la clientèle, car la gare se trouve parfois isolée du centre-ville. Dans certains cas, la distance séparant le chemin de fer du village ou du bourg est de plusieurs kilomètres. La rationalisation des services ferroviaires sur des petites lignes secondaires entraîne l'étude d'engins mus par un moteur Diesel et capables de transporter des voyageurs. C'est ainsi que se développe l'autorail et avec cette dénomination, les rares exemples existant auparavant étant appelés des automotrices. En dépit d'incitations auprès des constructeurs, la traction Diesel va rester limitée, jusqu'au début des années 1950, à quelques machines en voie étroite et à divers prototypes d'autorails. Après le conflit de 1914-1918, ce sont des automotrices à voyageurs qui prennent le pas des locotracteurs.

▶ *En 1893, la Compagnie de l'Ouest expérimente une machine thermoélectrique. Baptisée* **La Fusée électrique** *par son concepteur J.-J. Heilmann, elle se compose de l'assemblage d'une chaudière, d'un moteur à vapeur et d'une dynamo entraînant des moteurs électriques. Elle atteindra la vitesse de 108 km/h aux essais. (France)*

▲ *La véritable première locomotive électrique a été élaborée par Werner von Siemens en 1879. De taille réduite et d'aspect fort rudimentaire, elle servait à acheminer les visiteurs d'une exposition sur les différents sites. Elle est souvent présentée en public lors de manifestations. (Allemagne)*

L'électricité prend le relais

Tandis que le moteur Diesel balbutie, la traction électrique apparaît comme un mode de traction d'avenir. Souvent, il est admis que l'électricité appliquée au chemin de fer n'est apparue qu'en troisième position.

▲ *La compagnie du Baltimore-Ohio a entrepris des essais en traction électrique dès le début du XXe siècle. Montrant d'indéniables qualités, la machine américaine va inspirer les « boîtes à sel » du PO en France. (États-Unis)*

Les débuts de cette application remontent en fait à 1842 où, en Grande-Bretagne, Davidson réalise un véhicule électrique, suivi cinq ans plus tard par un fourgon à piles conçu par Farmer et Hall. En 1851, aux États-Unis, un moteur électrique est installé par Page sur un wagon. Mais c'est en 1879 que l'Allemand Siemens conçoit un prototype de tracteur à voie étroite, qui ouvre une ère nouvelle. Considérée avec scepticisme, cette nouveauté est exposée à Berlin en 1879, puis à Bruxelles et à Paris en 1880. Pour la première fois, Siemens a utilisé des courants forts à la place de courants faibles, et sa réalisation est considérée aujourd'hui par les historiens comme la véritable première locomotive électrique.

C'est l'utilisation intensive de génératrices et de motrices fixes dans l'industrie qui a conduit à la traction électrique ferroviaire, et les recherches dans ce domaine prennent de l'ampleur. En France, la Compagnie de l'Ouest expérimente une machine hybride due à Jean-Jacques Heilmann. Il s'agit de l'assemblage d'une chaudière et d'un moteur à vapeur qui entraînent une dynamo alimentant huit moteurs électriques. Baptisée *La Fusée électrique*, cet engin va atteindre la vitesse de 108 km/h en essai. Aux États-Unis, où le chemin de fer connaît un essor grandissant, la technique électrique intrigue. La compagnie du Baltimore-Ohio met ses recherches en pratique et réalise une petite machine dont les qualités vont séduire la Compagnie d'Orléans en France. Cette dernière, qui fait entrer sa ligne principale à Paris jusqu'au quai d'Orsay, souhaite se défaire des locomotives à vapeur et les remplacer par des machines moins gênantes dans la partie en souterrain.

Les transports en commun adoptent l'électricité

Tandis que l'électricité trouve à Paris une application à grande échelle avec la mise en service de la première ligne de métropolitain, ce mode de traction connaît un succès en flèche avec le remplacement du cheval par des motrices sur divers réseaux de tramways en Europe. C'est un peu plus tôt, en 1881, que le premier tramway électrique a circulé à Berlin pour la première fois. En 1888, l'Américain Sprague met en service un tramway très perfectionné pour l'époque. Le progrès est en marche, et à la fin du XIXe siècle, plus de cent réseaux de tramways sont alimentés par l'électricité. C'est à Philadelphie, aux États-Unis, que se trouve alors le plus grand réseau du monde avec un peu plus de 750 km de lignes sur lesquelles circulent environ deux mille rames. En France, le premier tramway n'a pas circulé à Paris, mais à Clermont-Ferrand, en 1880, avec du matériel de conception suisse. Les tramways de la capitale se convertissent à l'électricité en 1898. L'expérience acquise dans ce domaine permet des progrès considérables dans l'application aux lignes de chemin de fer, après les tramways et les métros.

▲ *Les progrès de la traction électrique vont vite. Le courant triphasé permet même la circulation à 200 km/h d'une automotrice. Cet exploit est réalisé en 1903 entre Marienfeld et Zossen, près de Berlin. L'ensemble des participants a été photographié en ce jour historique devant l'automotrice. (Allemagne)*

▼ *Le tramway de St-Pölten à Harland, aujourd'hui disparu, voyait aussi passer des trains de marchandises. La traction en était assurée par diverses locomotives électriques, dont la n° 2 construite en 1911. (Autriche)*

◀ Scène de gare à Chamby en 1905. Le train du MOB (à gauche sur la photo) donne la correspondance à l'automotrice à destination de Blonay, de la compagnie CEV. La Suisse est l'un des premiers pays convertis à l'électricité. (Suisse)

En 1903, en Allemagne, le courant triphasé permet à une automotrice de dépasser la vitesse de 200 km/h. Des essais sont entrepris entre Marienfeld et Zossen et, avec 206,7 km/h puis 210,2 km/h, cette innovation permet d'enregistrer des records absolus longtemps inégalés, tous modes de traction confondus.

L'électricité se développe

Diverses réalisations marquent également le début du XXe siècle. En 1904, une locomotive électrique circule pour la première fois entre Seebach et Wettingen et deux ans plus tard, le chemin de fer local de Vienne à Baden (Autriche) passe à l'électricité. La ligne à voie étroite de Mariazell, également en Autriche, est une difficile liaison de montagne conduisant à un célèbre lieu de pèlerinage. L'augmentation des charges conduit à l'électrification de cette ligne, achevée en 1909. L'Allemagne suit le mouvement et un premier tronçon des chemins de fer royaux de Prusse est mis sous tension, reliant Bitterfeld à Dessau, près de Leipzig. Viennent ensuite diverses réalisations en Bavière, avec la mise en service de locomotives assez proches, sur le plan esthétique, des « boîtes à sel » de la Compagnie du Paris-Orléans, ou encore du premier chemin de fer au monde de conception tout électrique, en Suisse, avec la mise en service dès 1913 de la ligne Berne-Lötschberg-Simplon. Dans ce pays, l'électricité est favorisée, ce qui lui permet de ne plus être dépendant de la fourniture du charbon.

En France, le début du siècle est marqué par quelques réalisations. Après Paris-Issy Plaine et Paris-Orsay à Paris-Austerlitz (1900), c'est en 1901 que la ligne à voie métrique de Saint-Gervais à Vallorcine est électrifiée par captation du courant par un troisième rail, style métro parisien. En 1903, la ligne Paris-Juvisy est convertie à ce mode de traction, et un peu plus tard,

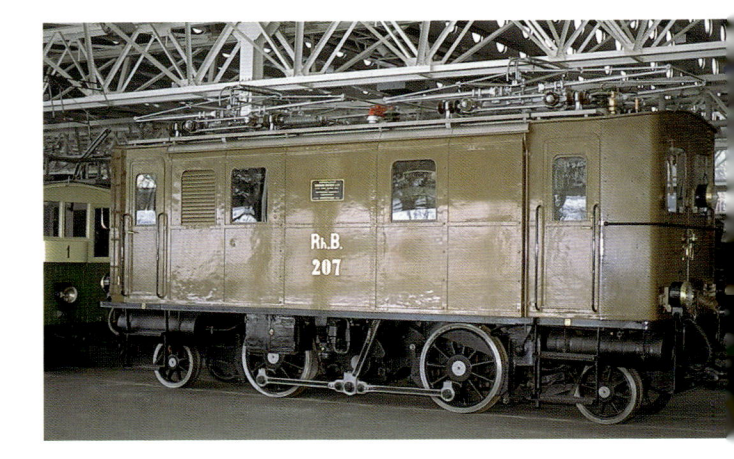

▲ Les chemins de fer royaux de Prusse ont pris livraison en 1912 d'une série de 27 locomotives électriques série EG 511 à 537. Renumérotées par la suite dans la série E 71, elles ont achevé leur carrière en 1959. L'une d'entre elles a été préservée à titre historique. (Allemagne)

▶ L'électrification des lignes étant une opération lourde, la technique d'engins munis de batteries se développe avec la réalisation pour les chemins de fer royaux de Prusse d'une automotrice. Celle-ci est mise en service en 1909. Mais la faible autonomie et des performances limitées vont restreindre l'application de cette technique. (Allemagne)

▲ Le réseau à voie métrique des chemins de fer rhétiques, dans les Grisons, a connu en 1913 une extension vers Scuol-Tarasp à la frontière autrichienne. La ligne électrifiée d'origine a reçu pour son exploitation 7 locomotives, livrées à partir de 1912 par l'industrie suisse. L'une de celles-ci est exposée à Lucerne, au musée suisse des Transports. (Suisse)

32

▲ Livrées entre 1900 et 1904, les 8 locomotives type BB (E 1 à 8) étaient surnommées « boîtes à sel ». Inspirées de machines américaines, elles étaient destinées à la traction des trains entre Orsay et Austerlitz à Paris. La E1 de la Compagnie du PO est exposée à Mulhouse dans son état d'origine. (France)

Diesel, un nom propre devenu commun

Le nom de famille de Rudolf Diesel est devenu commun : on dit aujourd'hui le diesel. C'est cet ingénieur allemand qui a inventé un moteur si performant qu'il équipe bientôt l'ensemble des bateaux et un très grand nombre de camions. Le chemin de fer, qui cherche à remplacer la traction vapeur sur des lignes où l'électrification ne se justifie pas, est séduit par ce moteur. Né en 1858 à Paris, Diesel rencontre des difficultés avec son invention, le Britannique Akroyd s'attribuant la paternité de la découverte. Il doit en outre combattre les idées du collège des savants qui ne croient pas en ce moteur. C'est sous l'impulsion de firmes allemandes que les brevets du nouveau moteur sont utilisés dans l'industrie et notamment dans la marine.

Il permet de très gros progrès, particulièrement pour les sous-marins, dans la construction desquels l'Allemagne a une avance considérable à l'époque.
En 1893, il publie un traité dont le titre est : *Théorie et construction d'un moteur thermique rationnel*, destiné à supplanter la machine à vapeur et les autres machines à feu connues d'aujourd'hui.
Il présente son moteur à Kassel en 1897, confiant et déterminé.
Peu de temps avant sa disparition, une firme suisse est la première à essayer une locomotive à moteur Diesel. Il ne peut assister à l'éclosion de ce nouveau mode de traction, il meurt de manière mystérieuse lors d'une traversée en bateau entre Anvers et l'Angleterre en 1913.

en 1910, c'est au tour de la ligne Villefranche-de-Conflent à Bourg-Madame, elle aussi à voie métrique, d'opter pour l'électricité captée de même par un rail latéral.
Bien que demandant des investissements lourds pour sa mise en place (caténaires, sous-stations), la traction électrique ferroviaire se place, dès les années 1920, comme LE mode de traction d'avenir. Son influence ira en grandissant au lendemain de la Seconde Guerre mondiale.

▼ Un intéressant musée, situé à Froissy (Somme), présente divers engins Diesel d'origine militaire ou industrielle.

▲ Malgré toutes les précautions prises en temps de guerre, les locomotives à vapeur proches du front des hostilités étaient visibles par leurs fumées. On s'aperçut de l'intérêt de disposer d'engins à combustion interne. Ainsi des tracteurs à voie normale, destinés au déplacement de pièces d'artillerie lourde sur voie ferrée, sont utilisés lors de la guerre de 1914-1918. La photo présente un engin de 1916 en tenue de camouflage, conservé au musée français du Chemin de Fer à Mulhouse. (France)

33

L'Orient Express ouvre la voie

1804-1919 : Le chemin de fer et l'industrialisation

À l'époque de la diligence, voyager n'est pas un plaisir mais plutôt une épreuve. Il faut attendre le début du XXe siècle pour que la combinaison du rail et de la machine à vapeur fasse du chemin de fer un moyen de transport transformant profondément les conditions de voyage. L'élément fondamental des tout premiers voyages n'est pas le confort mais la rapidité.

The First Real Pullman Sleeping Car – 1865

FIRST modern sleeper, built 1865, *The Pioneer*; much longer, higher, wider, than predecessors; railroad bridges and platforms were changed to permit its passage. Here first came the raised upper deck and folding upper berth. Heated from hot air furnace under floor; lighted with candles, ventilated through deck windows. Two compartments at each end; eight sections; roomy washroom; black walnut woodwork, much inlay and many mirrors. Fully carpeted; French plush upholstery; good beds, ample bedding. Note the 16 wheels: an experiment tried at this period but later abandoned in favor of 12, the present standard.

En Europe, où les frontières et les philosophies politiques opposées freinent les rapprochements ferroviaires entre pays voisins, le développement du voyage se veut plus lent qu'aux États-Unis, où l'immensité du territoire a permis aux régions dépourvues de moyens de communication de se rapprocher et de commercer.

C'est aux États-Unis, où le voyage en train est long, qu'est née l'idée du confort sur rail. Ébéniste de métier, George Mortimer Pullman a compris que le voyage doit aussi permettre de dormir ou de manger en se déplaçant. Il « bricole » son premier wagon et installe des lits en 1857, puis il met en service en 1865 son véritable premier wagon-lits baptisé *The Pioneer* (le pionnier). Deux ans plus tard, il fonde la « compagnie des chemins de fer confortables » ouvrant la voie aux trains de luxe.

▲ *C'est en 1865 que la première voiture-lits pullman est mise en service. Elle porte un nom,* The Pioneer *(le pionnier), et son confort inégalé ouvre la voie du voyage de nuit confortable. (États-Unis)*

Un visionnaire : Georges Nagelmackers

En Europe, c'est à l'ingénieur belge Georges Nagelmackers que revient, en 1869, l'idée d'offrir aux voyageurs européens le confort des wagons-lits et des wagons-restaurants. Il rentre d'un séjour de dix-huit mois aux États-Unis où il a pu mesurer l'ampleur de la découverte. S'il n'est pas le premier à présenter un tel projet, il est le seul à prôner la mise en place d'une organisation efficace. En 1872, sous sa

▼ *Le train royal photographié en 1895. Ce train de luxe, destiné aux voyages de la reine, comporte des wagons-lits, salon et restaurant. La locomotive en tête est baptisée* The Queen *(la reine). (Grande-Bretagne)*

La Mitropa, la concurrente de toujours

Alors que la Compagnie internationale des wagons-lits gère la quasi-intégralité des trains de luxe, le conflit de 1914-1918 donne le prétexte de la création de la Mitteleuropäisches Schlafwagen Aktiengesellschaft, une firme qui choisit l'appellation Mitropa comme raison sociale. Cette création entend briser l'influence de la société franco-belge, une influence jugée nuisible aux intérêts allemands. La Mitropa reprend le matériel roulant de six anciennes firmes de restauration, et n'hésite pas à réquisitionner celui de la CIWL présent sur les territoires belge et français lors de l'avancée des troupes allemandes.
Après la guerre, un procès intenté par la CIWL oblige la Mitropa à restituer une partie du matériel et à payer des indemnités couvrant le prix des voitures conservées. À partir de 1920, les activités s'élargissent aux trains internationaux vers l'Autriche, la Suisse et la Suède. La Seconde Guerre mondiale réduit ses relations civiles au profit du secteur militaire. En 1949, elle devient la compagnie est-allemande alors que la branche restée en Allemagne de l'Ouest devient la DSG. Son avenir semblait devoir se cantonner à des relations avec les pays de même tendance politique (Pologne, Hongrie), mais l'effondrement de l'Union soviétique suivi de la réunification allemande lui a donné une seconde chance. Loin de s'effacer devant la DSG, la fusion des deux firmes a mis en place une nouvelle Mitropa, filiale de la nouvelle DB.

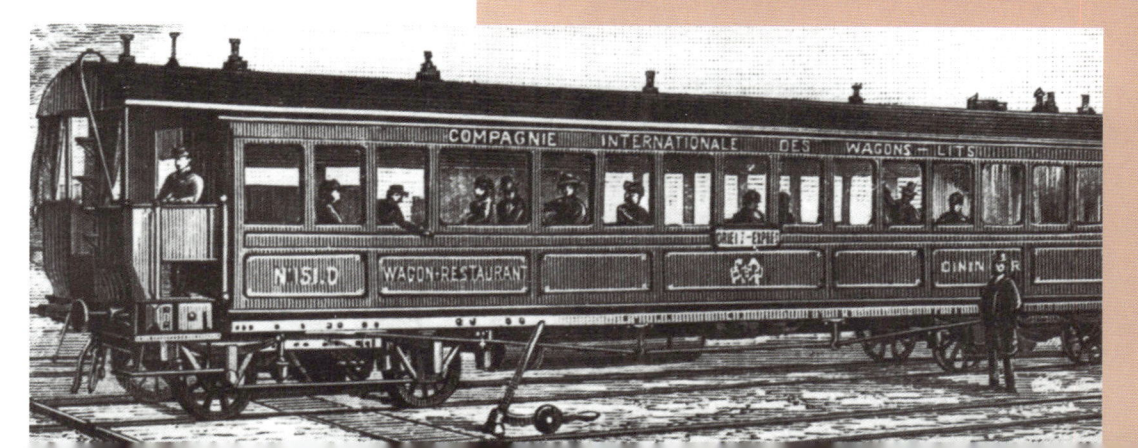

▲ *Les voitures de la Mitropa étaient peintes en rouge, pour les différencier de celles de la compagnie concurrente, peintes en bleu.*

direction, est fondée à Liège, en Belgique, la Compagnie internationale des wagons-lits qui fait construire en Autriche cinq wagons-lits. Ceux-ci circulent à titre d'essai entre Paris et Cologne, et l'un d'eux est même présenté à l'Exposition mondiale de Vienne (Autriche) en 1873.
L'Américain W. A. Mann, actionnaire de plusieurs compagnies de wagons-lits aux États-Unis et entrepreneur en Grande-Bretagne, où il exploite des wagons-lits notamment sur la relation Londres-Glasgow, décide de concurrencer la firme belge. Afin de mettre un terme à cette concurrence, Nagelmackers entre comme partenaire dans la société de Mann. La raison sociale change et devient Mann's Boudoir Sleeping Cars. Un projet de

▲ *Une affiche de promotion de l'Orient Express, datant de 1890. Elle indique le parcours emprunté par le célèbre train : Paris-Munich-Vienne et Constantinople, l'actuelle Istanbul. Ce motif était aussi utilisé comme souvenir à bord du train. (Europe)*

▶ *Le premier wagon-restaurant à bogies, construit spécialement pour le train de luxe l'Orient Express, a été inauguré lui aussi en 1883. (Europe)*

▲ *La voiture restaurant 2419 a connu une aventure peu banale. Construite en 1913, elle a circulé notamment entre Paris et Saint-Brieuc. En 1918, elle est transformée en bureau pour la signature de l'Armistice dans la forêt de Rethondes, près de Compiègne. Confisquée en 1940 par l'occupant, elle est détruite. Une voiture identique, ex-2439, est visible sur le site, numérotée 2419. (France)*

fusion avec Pullman échoue, mais en 1875 Nagelmackers rachète les parts de Mann et se retrouve seul à la tête de la compagnie qu'il a fondée. Il revient à la dénomination initiale, soit Compagnie internationale des wagons-lits.

Alors que le premier wagon-restaurant est apparu aux États-Unis en 1863, ce n'est qu'à partir de 1880 que ce type de véhicule fait ses débuts sur les chemins de fer berlinois. Le 11 octobre 1882 représente une étape importante de l'histoire des trains de luxe. Le premier « Train de luxe d'essai » circule au départ de Paris vers Vienne, composé de deux wagons-lits, d'un wagon-restaurant et de deux fourgons à bagages. Le premier hôtel sur rails est né et neuf mois plus tard, l'*Orient Express*, sans conteste le plus légendaire des trains de luxe, quitte Paris pour Vienne, Budapest, Bucarest et le port roumain de Giurgiu sur le Danube, où les voyageurs embarquent sur un navire, en attendant l'achèvement de la liaison ferroviaire vers Constantinople (Istanbul) en 1889.

Une impitoyable concurrence

Les trains de luxe connaissent un vif succès grâce au tourisme naissant, mais ils demeurent accessibles seulement à une infime partie de la population. Ni les pays, ni les écartements différents n'entravent l'extension des liaisons par train de luxe. Entre 1883 et 1920, la CIWL crée 67 trains comme le *Nord Express*, le *Simplon Express* ou encore le *Côte d'Azur Rapide*.

◀ *Lors de l'extension du parcours de l'Orient Express en 1888, les différents chemins de fer associés à la circulation du célèbre convoi ont fait éditer une affiche destinée à promouvoir cette circulation de voitures directe entre Paris et la Turquie. (Europe)*

Georges Nagelmackers

En 1891, le tsar Alexandre III signe le décret de construction du *Transsibérien* ; Nagelmackers part pour la Russie pour négocier les contrats d'exploitation du *Transsibérien Express*. Outre ses activités en Europe, la compagnie a étendu son champ d'action en Afrique du Nord, ainsi qu'au Moyen-Orient ou en Mandchourie. En 1914, malgré la diversité des conditions d'exploitation, il est possible de voyager très confortablement dans toute l'Europe et l'Asie, de Lisbonne à Vladivostok. La Première Guerre mondiale bouleverse la société et stoppe pour un temps le développement des trains de luxe. Ces événements conduisent à la création en 1916 de la compagnie des wagons-lits et wagons-restaurants d'Europe centrale, plus connue sous son sigle, Mitropa. Celle-ci n'hésite pas à réquisitionner des voitures CIWL pour assurer ses prestations. La fin du conflit l'oblige à restituer le matériel « emprunté ». Toutes ces péripéties ainsi que les destructions de voitures n'entament pas le potentiel de la compagnie belge qui met en service, dès 1919, deux nouveaux trains : le premier s'appelle *Paris-Prague-Varsovie Express* et le second *Simplon-Orient Express*. En 1920, c'est au tour du *Paris-Prague-Varsovie-Vienne* de rejoindre l'impressionnante liste des trains de luxe. Loin de perdre de sa vigueur, le phénomène va même s'intensifier avec la création de cinquante et un trains ou services en trente ans, de 1922 à 1952. Destinés avant tout aux hommes d'affaires, mais aussi aux gens de la « haute société » en voyage de vacances, les trains de luxe ne vont pas s'adapter aux mutations dont le chemin de fer va être le témoin au lendemain de la Seconde Guerre mondiale. Mais leurs bases donneront naissance aux futurs trains rapides Trans Europ Express (TEE).

▲ *L'un des trains anglais les plus luxueux et rapide du début du XXᵉ siècle était le* Cornish Riviera Express. *Il reliait Londres-Paddington à Plymouth sans arrêt intermédiaire et était composé de voitures pullman. (Grande-Bretagne)*

▼ *Circulation d'un rapide vers 1905 sur la Compagnie Est. Derrière la machine et le fourgon se trouve une voiture-restaurant en teck de la CIWL. (France)*

Né à Liège en 1845, Georges Nagelmackers est le fils d'un banquier, et son avenir est tout tracé. Mais un amour contrarié le contraint à s'éloigner de la Belgique en 1868. Il réside dix-huit mois aux États-Unis, voyageant en train à travers le pays. Il y découvre que les chemins de fer américains, du fait de l'étendue du territoire, ont introduit des « sleeping cars », sortes de dortoirs roulants qui permettent de voyager avec un confort acceptable.
Peu après son retour en Belgique, convaincu de la nécessité d'adapter l'idée des trains de nuit aux pays européens, il publie, en avril 1870, une brochure dont le titre est tout un programme : *Projet d'installation de wagons-lits sur les chemins de fer du Continent*. La guerre franco-allemande de 1870-1871 retarde ses projets, mais en 1872, il fonde sa première entreprise, soutenu il est vrai par Léopold II, roi des Belges, et son gouvernement. Avec le concours de quelques amis, naît la Compagnie internationale des wagons-lits.
Soucieux d'offrir aux voyageurs européens des conditions de confort meilleures que les dortoirs roulants, il appuie sa recherche sur la nécessité de véritables wagons-lits munis de cabinets de toilette. Il tente en vain une fusion avec l'un des concurrents, la Pullman Car Company, mais réussit à s'associer avec un concurrent, la firme Mann's Boudoir Sleeping Car Company.
Il redonne à cette nouvelle firme la dénomination antérieure : Compagnie internationale des wagons-lits. C'est sans nul doute l'*Orient Express* qui va donner ses lettres de noblesse à cette compagnie.
Ses activités sortent du cadre européen, et la compagnie s'installe en Égypte, au Moyen-Orient et en Mandchourie.
Il meurt en juillet 1905 à l'âge de 60 ans, terrassé prématurément par les fatigues d'un long labeur.
Le développement de la compagnie s'est par la suite diversifié, dans des activités liées au tourisme, avec son réseau mondial d'agences de voyages, à l'hôtellerie internationale et à la restauration. Elle fait partie désormais du groupe Accor.

38

1920-1950

Des belles années aux années tristes

Alors que l'Europe se remet des traumatismes laissés par le conflit de 1914-1918, les voyages à travers le Vieux Continent connaissent un développement nouveau. Pourtant, les suspicions entre États autrefois rivaux ne sont que partiellement oubliées. La recomposition politique d'une partie du continent issu de l'effondrement de l'Empire allemand et d'Autriche-Hongrie ouvre des perspectives tant sur le plan de la circulation des matières premières que pour l'incessant ballet diplomatique. C'est le chemin de fer qui est le vecteur essentiel de cette ouverture.

Le confort sur toute la ligne

1920-1950 : Des belles années aux années tristes

Initiées bien avant la Première Guerre mondiale, les recherches tendant à rendre le voyage plus confortable reprennent, une fois le cauchemar achevé.

La création des trains de luxe répond à une demande bien précise, mais elle ne concerne qu'une clientèle aisée, composée d'hommes d'affaires en quête de prospérités nouvelles, de diplomates et d'hommes politiques cherchant à nouer des contacts fructueux.

Des trains pour la « haute société »

La « haute société » européenne, se déplaçant pour des séjours de détente vers des régions au climat plus doux, complète également très vite la clientèle initiale. Il est frappant de noter qu'un grand nombre de trains de luxe est à destination de la Côte d'Azur. Circulant l'hiver principalement, ces trains acheminent des vacanciers vers les côtes française et italienne, dont la réputation gagne en notoriété. Il faut préciser que ces trains de luxe appartiennent à une société franco-belge qui établit ses horaires, ses tarifs et ses destinations.

Par ailleurs, les trains de grandes lignes exploitées par les compagnies concessionnaires n'arrivent pas à ce degré de confort. Il est vrai que la clientèle n'est pas la même et qu'elle est surtout moins fortunée. Ces trains de grandes lignes offrent en général les trois classes, dans certains pays il existe même une quatrième classe. Cette concurrence entre les exploitants crée une saine émulation à une époque ou l'automobile

▲ *En 1933, la Compagnie des chemins de fer du Midi met en service une petite série de voitures confortables, offrant entre autres des places couchées, soit en couchettes soit en lits. La photographie montre un compartiment couchettes en position de jour. (France)*

n'est pas encore en pleine expansion ; elle n'est pas encore concurrentielle mais son avenir semble prometteur. C'est ainsi que la recherche d'un confort meilleur et le souci d'une plus grande sécurité vont ouvrir des perspectives. Les divers accidents de train démontrent avec une effroyable réalité que bien des vies auraient été épargnées avec du matériel plus robuste.

Les progrès considérables du matériel

Quel est ce matériel ? La voiture à deux essieux, issue de la diligence, a laissé la place à des voitures plus grandes à trois essieux, et l'introduction du bogie a permis l'accroissement sensible des vitesses. Mais, dans la plupart des cas, les caisses de ces voitures sont en bois et montées sur des châssis métalliques. La

◄ *Le confort et la vitesse ont marqué le développement des chemins de fer européens des années 1930. Le 15 mars 1930, une relation rapide entre Paris et Liège, effectuée en 4 heures, est inaugurée. (France/Belgique)*

▲ L'introduction d'autorails sur les lignes secondaires améliore les conditions de voyage. C'est en 1926 que la compagnie nationale MAV a introduit une petite série d'autorails à 2 essieux. La robustesse de ce matériel lui vaudra de rester plus de 75 ans en service ! (Hongrie)

▲ En 1931, apparaît un nouveau type de voiture-lits : la LX (de luxe ou 10 lits). Certainement l'un des matériels les plus confortables qui aient été produits, les somptueuses voitures LX sont associées à de nombreux trains de luxe comme le Train bleu ou le Rome Express. Quelques-unes font partie du parc rénové par le Venice Simplon Orient Express. (Europe)

freinage ayant eux aussi connu d'importants progrès, les voitures des années 1930 ont pris leur distance par rapport au chemin de fer d'antan. Robustes et bien conçues, une bonne part d'entre elles va rester plus de cinquante années en service, souvent déclassées sur des liaisons omnibus, il est vrai. Mais les moyens devant permettre un rajeunissement des voitures ne sont pas suffisants, et cette métallisation ne concerne qu'une partie du parc roulant.

Les voitures à caisse en bois, où l'usure du temps n'a pas trop laissé son empreinte, finissent leur carrière comme véhicule de service ou sur des lignes secondaires, au début des années 1950. Bien entendu, les trains de luxe n'échappent pas à ce vent de modernité.

▼ L'aérodynamisme était aussi en vogue de l'autre côté du Rhin. En 1937, une locomotive a été carénée pour circuler en tête d'une rame de voitures à 2 niveaux. Cette composition assurait un service rapide entre Hambourg et Lübeck. (Allemagne)

tendance vers des voitures métallisées se matérialise en deux temps. La première étape voit l'utilisation du métal en remplacement du bois sur certaines voitures existantes et la seconde inaugure la construction d'unités neuves, métalliques d'origine. Les systèmes de

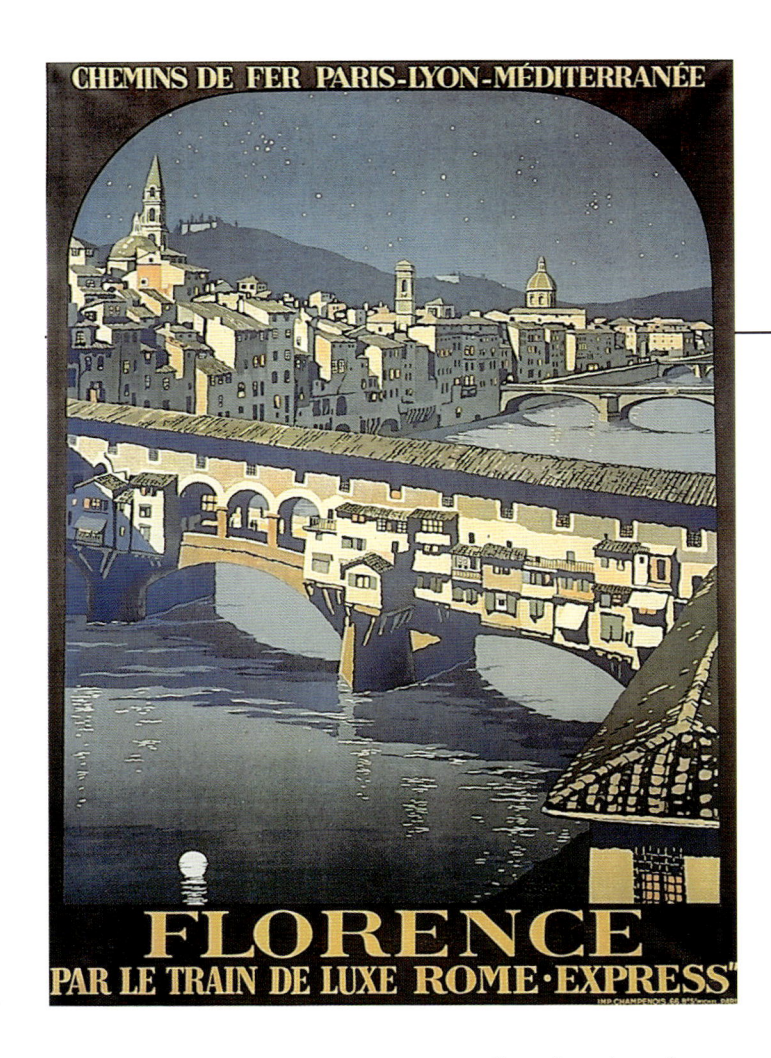

▲ *Pour le train de luxe* Rome Express *circulant sur ses voies, la Compagnie PLM a fait réaliser une affiche évocatrice d'évasion, avec Florence comme destination. (France)*

▼ *Le confort peut aussi être amélioré par un changement de mode de traction. C'est le cas pour la Compagnie de l'Annemasse-Sixt en Savoie, qui inaugure en 1932 la traction électrique. (France)*

La CIWL fait construire en 1929 une série de 90 wagons-lits, type LX. On les appelle ainsi car ce sont véritablement des voitures de luxe qui n'offrent que 10 lits, en compartiment « single » (1 personne).

C'est probablement ce qui s'est fait de mieux en matière ferroviaire, et le confort des LX n'a jamais été égalé. Elles font suite à la première série de wagons-lits réceptionnée auparavant par la CIWL, les S de steel (acier) déjà fort bien équipées. Livrées sur une durée de douze mois seulement, elles prennent place au fur et à mesure de leur fourniture dans un grand nombre de trains de luxe, notamment l'*Orient Express* ou encore le *Rome Express* et le *Calais-Méditerranée Express*, le futur *Train bleu*.

Ces belles voitures ont dû s'adapter à la dure réalité des temps pour accueillir 14, 16 ou 20 voyageurs au lieu des 10 initialement prévus. Plusieurs d'entre elles ont survécu et font les beaux jours des trains de prestige privés d'aujourd'hui.

▲ *Au début des années 1920, le chemin de fer est plus que florissant aux États-Unis. Le réseau comprend près de 407 000 km de lignes, dont un grand nombre sont parcourues par des trains de voyageurs. Dans ce domaine, des efforts sont entrepris pour améliorer la qualité de la traction comme celle des voitures. (États-Unis)*

Le confort pour tous

À ce stade, il est utile de revenir sur les dénominations en vigueur à cette époque. On ne fait pas la différence entre un wagon de marchandises et un wagon-lits. Tous deux sont des wagons. Dans certains cas, on parle de trains de personnes et trains de choses. Une nouvelle classification intervient, séparant les deux activités. Pour les trains de voyageurs, ce sont désormais des « voitures » qui servent au transport et pour les marchandises, la dénomination de « wagons » reste en vigueur. Mais dans le langage courant, la différence n'est pas toujours bien admise et l'on dit encore aujourd'hui « voyager dans un wagon de deuxième classe ».

Un peu partout en Europe, comme aux États-Unis, les années 1930 vont voir apparaître de beaux matériels destinés à tous les voyageurs et non plus à une élite. C'est une mini-révolution, bien pacifique, qui s'opère à cette époque : voyager à l'intérieur d'un pays devient ainsi moins fatigant, plus agréable, et la durée du parcours est, de plus, réduite. Le tourisme naissant n'est sans doute pas étranger à cette mutation, et les trains de vacanciers conduisant vers les plages connaissent un franc succès.

Les voitures LX

Ces voitures-lits, livrées en 1928 et 1929 à 90 exemplaires, figurent parmi les voitures les plus luxueuses jamais construites. Ne comportant que 10 compartiments en « single » (une personne), cette voiture doit son appellation à cette particularité : en effet L signifie luxe et X exprime en chiffres romains le nombre de compartiments.

Dès leur mise en service, ces incomparables voitures entrent dans la composition des trains les plus prestigieux d'alors, l'*Orient Express* bien sûr, mais aussi le *Calais-Méditerranée Express* (le futur *Train bleu*) ou encore le *Rome Express*. Un tiers de la série est construit en Grande-Bretagne et le reste en France, près de La Rochelle à Aytré.

Les voitures-lits LX sont dotées d'un châssis pratiquement indéformable et sont les premières à être équipées de bogies type Pennsylvania à roues monoblocs, ce qui représente pour leur propriétaire, la CIWL, un net progrès. Elles disposent d'un chauffage autonome, par chaudière à charbon, alimentant les radiateurs de fonte dans chaque compartiment, et d'un chauffage d'appoint dans le couloir alimenté par la vapeur de la locomotive.

▲ *L'intérieur d'une voiture-lits, type LX : la photographie montre un compartiment de la voiture 3532 décorée par Nelson : « guirlandes de fleurs polychromes ». Il est vu en position jour. (Europe)*

L'aménagement intérieur comprend dix compartiments à 1 lit de 80 cm de largeur, utilisable de jour en canapé.

Un soin extrême a été apporté à la décoration de ces voitures ; elle a été confiée aux célèbres décorateurs Nelson, Maple et Morison en Grande-Bretagne et Prou en France, qui agrémentent les belles LX de motifs d'une rare élégance en utilisant des marqueteries incrustées et des laques.

Plusieurs LX ont été rachetées par des entreprises privées pour des services dans les rames des trains de prestige (*Venice-Simplon Orient Express*, par exemple) et l'une d'elles figure au musée français du Chemin de Fer à Mulhouse.

◀ *Une LX, la 3532 A de 1929, fait partie des voitures construites en France. Rénovée extérieurement et intérieurement, elle se trouve dans la collection du musée français du Chemin de Fer à Mulhouse.*

Des trains aux noms prestigieux

1920-1950 : Des belles années aux années tristes

Alors que l'Europe et une partie du monde vont vivre des moments difficiles pendant la dure crise économique, les trains de luxe, loin de connaître un déclin, vont ouvrir de nouvelles relations.

▼ *Un magnifique train de luxe, la Flèche d'or, relie à partir de 1926 Paris à Calais. Il permet une correspondance par bateau à Douvres, d'où part un train vers Londres. C'est en 1929 que la rame anglaise est baptisée Golden Arrow. Pour la première fois dans l'histoire du chemin de fer, les repas sont servis à la place, les voyageurs ne quittant pas leurs luxueux fauteuils. (France/Grande-Bretagne)*

Le développement des trains de luxe a été, quelques années durant, figé mais il reprend sa progression dès 1919. En 1922, l'un des plus prestigieux trains au monde va rouler pour la première fois. Reliant Calais à la Méditerranée, et Nice en particulier, un train de luxe est mis en fonction sous le nom de *Calais-Méditerranée Express*.

▲ *Une partie du matériel a été préservée par divers organismes. Un « Rheingold historique » circule occasionnellement sur son parcours d'origine, mais également en affrètement sur d'autres lignes, en Allemagne, en Autriche et en Suisse. La photo montre la rame historique en gare de Bâle. (Suisse)*

Le *Train bleu*, un nom bientôt célèbre

Composé quasiment de voitures bleues (la couleur du matériel de la CIWL), il est vite appelé *Train bleu* par les cheminots ou les voyageurs. Ce surnom va cependant devenir son nom officiel et le *Train bleu*, qui a bien perdu de son lustre d'antan, circule encore, au moment où nous écrivons ces lignes, quotidiennement entre Paris et Nice. Dans

▲ *C'est en 1929 que le train pullman l'Oiseau bleu a été mis en fonction. Son parcours le conduisait de Paris à Bruxelles et Anvers. Quatre ou cinq voitures pullman selon les jours, dont certaines avec cuisine, composaient ce train de luxe. Deux fourgons encadraient la rame. (France/Belgique)*

la décennie qui suit, des trains aux noms évocateurs d'évasion sont mis en fonction. C'est en 1926 que circule pour la première fois la *Flèche d'or*, un trajet de jour qui conduit de Paris à Londres avec la traversée en bateau de la Manche. Du côté anglais, un matériel spécifique est également introduit afin de ne pas rompre le charme du train de luxe. Suit un an plus tard l'*Étoile du Nord* (Paris-Amsterdam), dont le lancement est annoncé par une affiche célèbre du dessinateur Cassandre. Pour ce train, une innovation de taille fait son apparition : des voitures pullman deuxième classe sont introduites. C'est une idée qui va se généraliser pour plusieurs trains par la suite, dans le but de drainer une clientèle un peu moins huppée mais désireuse de voyager autrement que dans les trains des compagnies. L'*Étoile du Nord* est l'un des trains les plus appréciés, et il n'est pas rare de le voir composé de dix voitures-salon type pullman. En 1928, c'est au tour du train *Edelweiss* Amsterdam-Lucerne de rejoindre une liste déjà fort longue de services prestigieux. Celui-ci va être concurrencé par un train de luxe mis en fonction par la Mitropa, le fameux et mythique (en Allemagne surtout) train *Rheingold* dont le parcours conduit de Hook Van Holland, obscur port hollandais, à Lucerne. Là, il offre une correspondance aux nombreux touristes anglais pour les stations suisses ou autrichiennes. Le matériel est assez comparable sur le plan du confort mais il circule le long du Rhin, ce qui procure un agrément

◀ *L'une des premières relations en train de luxe, inaugurée dès 1887, conduisait vers la frontière espagnole et s'appelait Sud Express. Le matériel entrant dans sa composition est rénové en 1926 avec l'arrivée de voitures-salon avec ou sans cuisine. La voiture 2741, sans cuisine, a été préservée et circule en affrètement pour le compte d'une agence suisse. (France)*

▲ *La création du Simplon Orient Express, un train desservant 12 pays, a été saluée par la réalisation d'une belle affiche représentant Alep, en Syrie. Les trains de luxe ont permis la publication d'une magnifique collection d'affiches. (Europe)*

▲ *Le chef de train remet un télégraphe à l'un des voyageurs du train de luxe* Rheingold *lors d'un arrêt. C'est l'un des services proposés à la clientèle de ce train pas comme les autres. (Allemagne)*

▼ *Le nom de Nord Express est l'un des plus connus dans la famille des trains de luxe. Créé en 1896, il conduisait les voyageurs de Paris ou Bruxelles à Berlin et Varsovie avec correspondance vers Riga. Ce train a été photographié à l'arrêt à Compiègne, non loin de la capitale française. (Europe)*

certain par rapport au train *Edelweiss* qui, lui, circule via Anvers, Bruxelles, Strasbourg et Bâle.

Mais la baisse du pouvoir d'achat dans la plupart des pays d'Europe centrale, la gêne causée pour l'obtention des passeports et visas, les changements politiques, ont des effets négatifs et des conséquences sensibles. Ce qui explique en partie la conception de voitures de luxe de deuxième classe, chose impensable lors de la création de la CIWL. Pourtant, jamais ils ne vont atteindre la notoriété des trains créés avant le conflit, lors de la Belle Époque. Cette constatation n'empêche pas la CIWL d'absorber, en 1926, l'une de ses concurrentes, la Pullman Car Company, et d'englober un parc de voitures légendaires, dont l'élégance et le confort suscitent une réelle admiration.

▼ *Le 14 mai 1927, la relation Londres-Vichy par train pullman est inaugurée. La photo présente la rame inaugurale en gare de Paris-Lyon et à destination de la ville de cure. (France)*

Personne n'échappe à la crise

L'inflation galopante frappe de nombreux pays, et diverses tentatives se soldent par des échecs. C'est le cas du Golden Mountain Pullman Express en Suisse. Ce train a la particularité de circuler en voie étroite. Les voitures pullman, propriété de la CIWL, roulent sur les voies de la compagnie du Montreux-Oberland bernois (MOB). Sa carrière est brève : il ne circule que l'espace d'un été, en 1931, et faute d'une rentabilité suffisante, le train est supprimé. Les belles voitures sont alors vendues aux chemins de fer rhétiques, en 1939. Rénovées récemment, elles circulent en affrètement pour le compte de sociétés ou lors de la mise en marche de convois historiques.

Loin de ralentir, la crise économique s'amplifie et, comble de l'ironie, les deux entreprises concurrentes, la CIWL et la Mitropa, joignent les trains *Edelweiss* et *Rheingold* sur le parcours final entre Bâle et Lucerne, dans un but économique. Sur le plan politique, la situation en Europe se dégrade vite et l'inquiétude freine les espoirs d'expansion. La méfiance s'installe et bientôt les premiers bruits de bottes se font entendre.

▲ *L'un des trains mythiques américains était sans nul doute le 20th Century Limited. Sa rame comprenait des voitures-salon et restaurant aux normes américaines, c'est-à-dire au confort remarquable. (États-Unis)*

▶ *La compagnie du Montreux-Oberland bernois avait fait éditer une affiche pour le service de trains pullman. Par la suite, elle continuera de promouvoir la relation sous le nom de Golden Pass. (Suisse)*

Personnaliser le confort

La création de relations ferroviaires rapides conduit à différencier les types de trains. Pour mieux les identifier, car les numéros qui leur sont attribués sont bien abstraits, les compagnies ferroviaires décident de personnaliser ces trains. Très vite ceux qui sont « baptisés » deviennent synonymes de luxe et confort.

Une fois encore, ce sont les Britanniques qui ouvrent la voie en individualisant les relations « nobles ». Le train *Prince of Wales* de la compagnie du Great Northern Railway, qui relie la capitale Londres à Leeds, est le premier à porter un nom, et ce dès 1879. On peut considérer que c'est le véritable premier train d'affaires de toute l'histoire du rail. Destiné à une clientèle aisée, ce train comporte une voiture-restaurant, une véritable nouveauté due à George Mortimer Pullman. Ce précurseur du confort sur rail a vu son nom associé à un grand nombre de relations ferroviaires outre-Atlantique mais aussi en Europe. C'est pourtant son ancien adversaire, Georges Nagelmackers, qui va gagner cette bataille du rail. La création de l'*Orient Express*, le premier grand express international, et le succès de cette relation entraînent l'apparition d'une noria d'appellations nouvelles. Celles-ci étaient signalées par des plaques apposées à l'avant de la machine ou sur ses flancs. Cette disposition, d'origine britannique, était en vigueur sur les trains célèbres d'alors comme le *Flying Scotsman* ou encore le *Royal Scot*.

En France, c'est surtout le réseau du Nord qui emboîte le pas, avec comme porte-drapeau le fameux train *Flèche d'or* une relation Paris-Londres. Bien plus tard, la SNCF reprendra l'idée en baptisant certains de ces trains rapides le *Mistral*, le *Cévenol* ou encore l'*Aquitaine*. Lors-

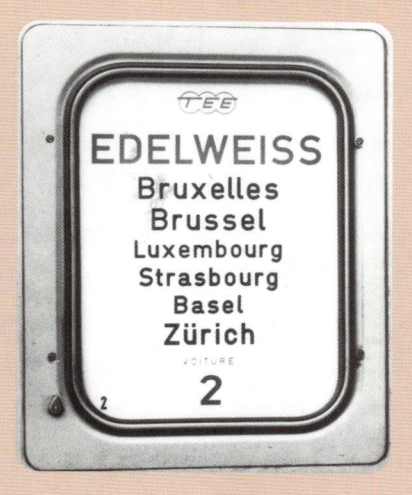

▲ *La tradition des trains « baptisés » a été maintenue pour les Trans Europ Express, comme le montre cette plaque d'itinéraire du TEE Edelweiss qui assurait la relation Bruxelles-Zurich.*

qu'un matériel spécifique et haut de gamme était utilisé, le nom du train était apposé sur les faces latérales des voitures ou des automoteurs. Cette façon de faire avait pour origine les États-Unis, où cette disposition était fort répandue, notamment sur les trains *Empire State Express* ou encore *City of Los Angeles* et *Empire Builder* dont le nom figurait également à l'arrière du train.

Le développement des TEE va voir se poursuivre les appellations de trains rapides, et leur remplacement par des Eurocity n'entame pas la coutume. L'EC *Mozart* conduit quotidiennement de Paris à Vienne, tandis que le *Verdi* assure une relation Milan-Dortmund.

Quant aux trains de nuit, ils maintiennent pour une bonne part la tradition. Ainsi le *Train bleu* circule chaque jour entre Paris et la Côte d'Azur. Même à l'ère des trains à grande vitesse, le principe des trains baptisés reste d'actualité. Un TGV Paris-Milan est même appelé *Alexandre Dumas*. Un exemple qui prouve que la modernité et la tradition ne sont pas obligatoirement contraires. Mais la personnalisation des trains est désormais destinée à souligner la vitesse plutôt que le confort.

La technique ferroviaire progresse

1920-1950 : Des belles années aux années tristes

Au-delà des inquiétudes engendrées par une situation politique instable en Europe, mais aussi dans diverses parties du monde, les années 1920-1930 sont marquées sur le plan technologique par de belles réalisations.

Une locomotive à vapeur, baptisée *Mallard* et construite en 1935, circule à la vitesse de 202 km/h en juillet 1938, établissant un record pour ce mode de traction. Cette recherche de vitesses toujours plus grandes, pour faire face à une concurrence grandissante de l'avion, conduit divers réseaux européens et américains à faire construire des trains carénés.

Les trains imitent les avions

La technique du carénage des trains semble valoriser l'image d'un chemin de fer moderne, qui ainsi paraît se renouveler aux yeux des voyageurs ; le train désormais ressemble à l'avion. Si la concurrence de l'avion est encore bien modeste, le chemin de fer

▲ *Le chemin de fer à crémaillère de Brienz au Rothorn a acquis en 1933 une locomotive à vapeur plus puissante pour venir épauler les machines datant de l'origine de la ligne. Elle est toujours en service de nos jours pour le plus grand plaisir des nombreux voyageurs. (Suisse)*

◀ *La locomotive à vapeur 4498* Sir Nigel Gresley *fait partie d'une série de 35 machines mises en service en 1937 par la compagnie du London North Eastern Railway. Dans cette série, la 4468* Mallard *a circulé à 202 km/h en 1938. Elle détient toujours le record en traction vapeur. (Grande-Bretagne)*

▲ *La Deutsche Reichsbahn s'est efforcée, dans les années 1930, de rajeunir ses services secondaires. Pour cela elle s'est dotée de diverses sortes d'autorails, dont cet exemplaire mis en service en 1937. Il existe toujours et fait partie de la collection historique d'un chemin de fer touristique situé en Bavière. (Allemagne)*

▲ *Mises en service en 1936 par le réseau de l'État, les voitures allégées, appelées « saucisson » par les cheminots, étaient innovantes sur le plan technique. Leur moindre résistance à l'avancement, leur forme et leur légèreté sont autant d'atouts pour un matériel apprécié de la clientèle et de l'exploitant. Elles vont rester une quarantaine d'années au parc de la SNCF. (France)*

cherche à garder sa position prédominante. De plus, sa conception lui permet des économies de traction, grâce à des formes qui offrent moins de résistance à la pénétration de l'air et autorisent des vitesses accrues. Mal maîtrisée, hormis en Grande-Bretagne, la technique du carénage des trains n'est qu'une mode

▲ *Si la technique de la traction vapeur s'est considérablement améliorée sous l'impulsion notamment d'André Chapelon, le travail à bord de ces locomotives est cependant resté difficile jusqu'au bout. Mais les « gueules noires » aimaient tant leur métier... (France)*

◀ *L'un des soucis majeurs des compagnies ferroviaires reste la sécurité. Peu perceptibles pour le voyageur, les mesures en faveur d'une exploitation plus sûre ont concerné la modernisation des réseaux de communication internes, mais aussi la signalisation et les techniques liées au fonctionnement des trains. (Grande-Bretagne)*

49

▶ *La voiture à 2 essieux appelée « boîte à tonnerre » constitue une avancée sur le plan technique pour l'exploitation des lignes secondaires. Livrée à partir de 1928, selon le schéma des 4 classes en vigueur en Allemagne, cette voiture en acier riveté est simple mais solide. Populaires auprès des utilisateurs, les « boîtes à tonnerre » ont marqué de leur empreinte l'histoire du rail en Europe, car au lendemain du conflit de 1939-1945, un grand nombre d'entre elles se trouvaient en France ou en Autriche. (Allemagne)*

éphémère, vite abandonnée pour des raisons d'entretien de ces mécaniques caparaçonnées de tôles.

Sur le plan de la traction, ces années-là sont jalonnées de créations multiples tant dans le domaine de la vapeur que de l'électricité. Quant au moteur Diesel, encore confiné à quelques rares réalisations, il va offrir à l'autorail l'opportunité d'un réel lancement. En France, des constructeurs automobiles (Renault, Berliet, Bugatti) se lancent dans l'aventure grâce à divers encouragements. L'heure est à la rationalisation des lignes secondaires, et les trains remorqués par des locomotives datant du XIXᵉ siècle ne correspondent plus à l'image d'un chemin de fer sur la voie du modernisme.

En ce qui concerne la vapeur, les grandes heures de ce mode de traction se situent à cette période. Non seulement ces locomotives sont performantes et fiables, mais elles bénéficient de formes plus agréables. La différence avec des machines dont la forme et la technique remontent aux temps héroïques des chemins de fer est d'autant plus grande que celles-ci reprennent les services « nobles », c'est-à-dire la traction des trains de luxe bien sûr, mais aussi des trains de grandes lignes des compagnies. Dans quelques pays d'Europe (France, Allemagne, Grande-Bretagne), les usines de construction ferroviaire tournent à plein régime et les carnets de commandes sont garnis. Il y a fort à faire dans le domaine de la traction comme pour ce qui concerne les voitures et les wagons.

L'extension des trains express ou rapides entraîne une

▲ *D'abord timide, puis appliquée avec détermination, la traction Diesel se révèle vite un mode d'avenir. Au lendemain du conflit de 1939-1945, un grand nombre de compagnies se dotent de locomotives Diesel, plus performantes et plus faciles à entretenir. Le trafic marchandises profite des bienfaits de ce progrès, permettant la circulation de trains plus lourds et plus longs. (Nouvelle-Zélande)*

▼ *La technique des machines carénées trouve en 1948 une nouvelle application, avec la modification de 12 locomotives 230 K de la SNCF, datant de 1924. Autre innovation d'importance : la chauffe au fuel. Destinées à des services rapides entre Paris et Strasbourg, elles tractaient des rames légères montées sur pneumatiques. (France)*

demande accrue en matériels neufs dont le confort va se révéler exemplaire pour ces trains qui ne sont pas des trains de luxe. Diverses belles séries de voitures sont mises en service, qui donnent un nouvel élan à plusieurs relations intervilles. Les liaisons omnibus profitent également de ce renouveau avec l'introduction de voitures à essieux dont le confort est également supérieur. Les voitures à portière latérale, une pratique héritée des premiers temps du chemin de fer, peuvent ainsi être remplacées. Si les conditions de voyage ont gagné en qualité, la sécurité se trouve de même renforcée.

La fée électricité

Les diverses électrifications réalisées (France, Allemagne) offrent du plein emploi aux firmes d'équipement. En 1930, il est possible d'effectuer les 800 km qui séparent Genève de Strasbourg à bord d'un train

▲ C'est à partir de 1936 que la voiture à 2 niveaux connaît en Europe un développement important. Mais il faut attendre la période d'après-guerre pour assister à une véritable éclosion de ce type de voitures, surtout dans les pays de l'Est. Une usine en RDA fournit des véhicules non seulement pour les besoins internes mais aussi pour l'exportation vers la Pologne, la Bulgarie ou la Roumanie. (Pologne)

▼ L'électrification du réseau principal suisse des CFF a permis la conception de nouveaux matériels aussi bien pour la traction que pour les voitures. La photo prise en 1948 montre un train de voyageurs sur la ligne du Gothard, remorqué par une double traction de locomotives électriques. (Suisse)

▶ *La Pacific de la Compagnie du Nord est l'une des locomotives les plus célèbres en France comme dans le monde entier. Construite en 1909, cette série a été rénovée et améliorée en 1934 à Tours par André Chapelon. Il a pu ainsi porter la puissance de 2 000 à 3 000 chevaux avec une consommation d'énergie inférieure de 25 %. Elle pouvait alors remorquer des trains lourds à 130 km/h. (France)*

▼ *La Sicile est parcourue par diverses lignes à voie de 0,95 m. Dans les années 1930, le parc a été renforcé par plusieurs locomotives à vapeur, dont celle présentée sur la photographie. Elle tracte de nos jours des convois d'amateurs ou sert lors de tournages de films. (Italie)*

tiré par une locomotive électrique. Loin des problèmes politiques, les ingénieurs de divers pays, de futurs belligérants, se rencontrent et organisent des conférences. On compare, on analyse ou projette diverses améliorations sans trop se soucier de la concurrence industrielle ou idéologique.

On tente d'harmoniser les tendances, notamment au niveau des tensions adoptées pour les trains électriques. L'unanimité est loin de régner et la peur du voisin entraîne des aberrations dont les effets sont toujours perceptibles de nos jours. Ainsi, les chemins de fer français et allemands ne sont pas électrifiés avec un courant identique, et le passage de la frontière entraîne le changement de la machine. La généralisation d'engins capables de circuler sous diverses tensions (TGV Thalys par exemple) gomme ces contraintes, mais de nombreuses années se sont écoulées avant l'acceptation de l'idée même. Tous les chemins de fer, quels qu'ils soient, profitent de ces expériences, notamment dans des pays où l'automobile et, à un degré moindre, l'aviation ne sont encore qu'au stade initial de leur développement.

Une robustesse inégalée

La conception et la réalisation de ces matériels reposent également sur une robustesse à l'épreuve du temps. Un grand nombre de locomotives à vapeur comme de machines électriques, prévues pour durer trente ou trente-cinq ans, vont dépasser les cinquante années de service. Reléguées à la traction de trains moins exigeants, ces vénérables locomotives des années 1930 ont contribué à éviter de lourds investissements dans ce domaine.

Mais leur entretien, rendu difficile par le manque de pièces de rechange, a souvent conduit à quelques « bricolages » incompatibles avec l'image d'un chemin de fer moderne. Pour régler le problème, il faut une volonté bien affirmée, et lorsqu'elle fait défaut, le chemin de fer doit se contenter d'assumer sa tâche avec les moyens dont il dispose, une situation pas facile à gérer au quotidien.

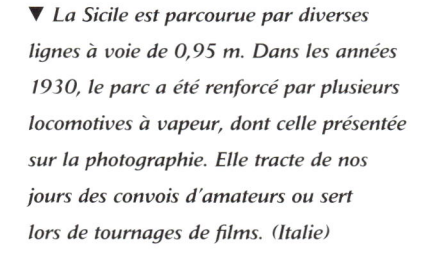

Naissance de l'autorail

1920-1950 : Des belles années aux années tristes

C'est bien avant d'adopter la traction Diesel lourde pour les locomotives – la traction vapeur donnait alors toute satisfaction – que les compagnies ferroviaires ont recherché pour leurs exploitations secondaires des solutions plus appropriées. L'une d'elles permet la mise au point de véhicules automoteurs pour voyageurs, capables de fournir leur propre énergie de traction. Plutôt que de recourir au moteur Diesel, encore tout à fait balbutiant, les entreprises ferroviaires créent de toutes pièces, souvent en collaboration avec des constructeurs, des voitures à voyageurs munies de légères installations en traction vapeur. Appelés « automobiles à vapeur sur rails », ces engins sont les ancêtres des futurs « autorails ». Cette technique est issue également de la route, et les premières réalisations ne sont que des autocars transformés pour circuler sur des rails. Timide dans un premier temps, l'apparition de l'autorail se développe de manière plus sensible et plusieurs centaines d'autorails sont mis en service. Bien vite, l'adaptation d'un matériel routier au rail devient obsolète et l'on s'oriente vers des programmes ambitieux d'engins nouveaux. La firme de pneumatiques Michelin s'intéresse à la question et réalise un autorail très vite baptisé « micheline ».

C'est un souci constant de rationaliser les lignes secondaires qui offrent à l'autorail le moyen de progresser tant sur le plan technique que sur le plan des performances et surtout du confort. L'autorail à une seule et unique caisse, auquel on attelle une remorque laisse entrevoir la possibilité de réaliser des automotrices à traction Diesel, appelées dans le langage ferroviaire des automoteurs, généralement à deux éléments. Ceux-ci reprennent divers services express ce qui permet d'amortir les locomotives à vapeur coûteuses en entretien comme sur le plan de l'exploitation.

Un peu partout en Europe, mais surtout en France, en Allemagne ou encore en Italie, l'autorail et son cousin l'automoteur connaissent un essor important, que ce soit pour la voie normale ou la voie étroite. Leur emploi est souvent l'alternative à certaines fermetures de lignes « non rentables » mais que le service public maintient en activité.

Le début des années 1950 va être marqué par diverses réalisations tant en Allemagne qu'en France, où des autorails neufs vont donner un sang nouveau à de nombreuses relations. Devenant un atout indispensable, notamment dans le développement du transport régional, il ouvre des perspectives nouvelles aux décideurs pour une relance des transports collectifs. L'autorail en est l'un des acteurs les plus sollicités.

▲ *Construit par la firme automobile Renault, cet autorail du type ABH a participé au renouveau des lignes secondaires françaises. Ce type d'engin, robuste, circulait il y a peu de temps encore en Corse. (France)*

◄ *L'effort de modernisation concerne aussi les lignes secondaires à voie étroite, nombreuses dans le pays dans les années 1930. Un curieux autorail est construit pour rendre les exploitations rationnelles notamment hors des périodes de pointe. Quelques rares unités ont été préservées par des chemins de fer touristiques. (Allemagne)*

53

Bruits de bottes et machines de guerre

1920-1950 : Des belles années aux années tristes

On l'a vu au premier chapitre, les autorités des divers pays se dotant de chemins de fer ont vite compris l'intérêt majeur du rail dans le domaine militaire. Idéal pour le transport de troupes mais aussi de matériels de guerre, le chemin de fer a servi, au cours de son histoire, les intérêts expansionnistes de nombreux pays, sur tous les continents ou presque. Souvent il va jouer un rôle de premier plan lors de conflits.

À l'apogée de son époque glorieuse, le chemin de fer aurait pu contribuer à l'évolution humaine, grâce à l'essor touristique et au désir de découverte des autres milieux et des autres hommes ; mais la Seconde Guerre mondiale, et son lot de désolations, ralentit son développement alors qu'il commence à se mesurer à un autre concurrent, l'automobile.

Un outil économique mais aussi politique

Utile en temps de guerre, indispensable en temps de paix, le chemin de fer va contribuer au devenir de certaines nations. Les crises économiques mais aussi politiques secouent plusieurs pays européens. Parmi ceux-ci, l'Allemagne, qui s'est mal remise du premier conflit mondial de 1914-1918. Certains hommes politiques rêvent alors tout haut d'une puissance économique passant par l'annexion des richesses exploitées dans des pays voisins.
Le « rêve » d'une grande Allemagne a modifié l'environnement politique qui ne peut se satisfaire du cadre strictement national. La crise de 1929 a entraîné un chômage endémique et une misère qui sont autant d'arguments politiques et électoraux pour des politiciens rongés par une certaine idée de revanche.

Une machine de guerre se met en place

Préparant minutieusement une invasion de l'Europe, le Reich allemand va donner à sa compagnie ferroviaire nationale, la Deutsche Reichsbahn Gesellschaft (DRG), les moyens matériels et humains nécessaires, en prévision de futures hostilités. Le tout selon un plan méthodique, comme c'est la tradition dans ce pays.

▼ *Le chemin de fer a été mis à contribution en vue de préparer les offensives militaires, et plusieurs milliers de locomotives ont été construites pour la DRG, mais aussi pour l'armée. De grosses machines, type 150 série 50, ont été commandées à l'industrie nationale. La photographie montre une 50, datant de 1941, qui a circulé en Allemagne de l'Est après le conflit. Aujourd'hui, on peut la voir sur le chemin de fer touristique des Trois Vallées en Belgique. (Allemagne)*

▲ La forme caractéristique de l'avant d'une E 18 de la Deutsche Reichsbahn. Cette machine est ici en livrée grise de présentation lors de la sortie d'usine. (Allemagne)

► Les compagnies ferroviaires suisses ont vite pris leur distance par rapport au charbon. En 1940, un train de voyageurs des chemins de fer rhétiques, dans les Grisons, est emmené par la Ge 6/6 n° 402 construite en 1921. (Suisse)

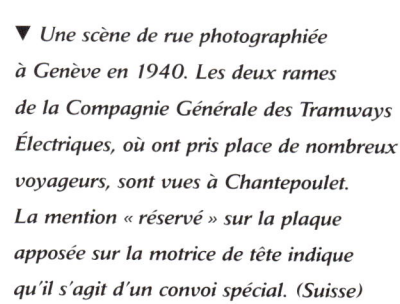

▼ Une scène de rue photographiée à Genève en 1940. Les deux rames de la Compagnie Générale des Tramways Électriques, où ont pris place de nombreux voyageurs, sont vues à Chantepoulet. La mention « réservé » sur la plaque apposée sur la motrice de tête indique qu'il s'agit d'un convoi spécial. (Suisse)

Siemens le précurseur

C'est un Allemand, Werner von Siemens, qui a, dès 1879, ouvert la voie de la traction électrique des trains. Le choix de l'électricité est déterminé par l'approvisionnement en charbon, qui pourrait devenir aléatoire, mais aussi de l'ampleur du réseau électrifié légué par les compagnies régionales.
La traction Diesel, dans une moindre mesure, n'est pas en reste et participe à la mise en place de trains

L'industrie nationale, un temps sinistrée et mal en point, voit dans l'ambitieux programme de construction de locomotives un moyen de se refaire une santé financière.
Dans le même temps, en Allemagne, se fabriquent en très grosses quantités des avions, des camions, des tanks et des canons. Mais c'est pour que la paix demeure, disait-on alors bien naïvement. De toute l'histoire du rail, jamais un programme aussi ambitieux n'a été réalisé. Mais sa fonction future ne laisse planer aucun doute. Que faire de tant de locomotives et de wagons, dans un pays relativement bien équipé où les trains donnent toute satisfaction ?
La modernisation du réseau n'explique pas tout… Les usines allemandes vont, en fonction des « victoires » du Reich (empire), intensifier leurs productions, dans le pays et dans les pays conquis (Autriche, France), de locomotives à vapeur baptisées *Kriegsloks* ou encore de locomotives électriques.

▲ *Née dans la tourmente, la série E 94 de la DRG, une CC puissante mais lourde, a compté 145 unités livrées entre 1940 et 1944. La guerre finie, les chemins de fer fédéraux (ÖBB) gardent 44 locomotives renumérotées CC 1020. La série autrichienne sera complétée par 3 unités qui étaient en cours de construction à la fin du conflit mondial. Indispensables de nombreuses années durant, leur carrière dépassera les 50 années de service. (Autriche)*

spécifiques, tels ces canons sur rails mus par des engins thermiques. On la teste aussi sur des autorails circulant sur des lignes secondaires.

Les différentes étapes de l'expansion du Reich allemand ne vont bientôt plus laisser aucun doute sur ses motivations. En plein conflit mondial, de 1939 à 1943, la DRG met en service une nouvelle locomotive série 50, une série « bonne à tout faire » bien que conçue pour la remorque de trains de marchandises. La DRG en reçoit 3 141 unités, mais cette série a aussi une descendance étrangère : 14 unités sont destinées à la Belgique, 286 à la Roumanie et 10 à la Chine. En 1940, les nouvelles E 94 font leurs premiers tours de roues sur les lignes allemandes et autrichiennes, de l'Ostmark, disait-on à l'époque où ce pays était « annexé ». L'effort de guerre ne s'arrête pas là. En voie étroite aussi, des KDL (Kriegsdampfloks) sont fabriquées pour la DRG. C'est en 1942, alors que la « guerre totale » a été décrétée, qu'une autre série

▼ *Le dépôt des locomotives de la Folie près de Paris a été l'objet de bombardements alliés. La photo, prise en 1944, montre les machines endommagées entreposées en attente de ferraillage. (France)*

également de configuration 150, la série 52, débute sa carrière. Alliant simplicité et efficacité, cette machine est construite en 6 400 exemplaires en peu de temps. Au total, toutes séries confondues, la Deutsche Reichsbahn Gesellschaft prend possession de 11 879 *Kriegsloks*, réalisées en voie normale, et en voie étroite pour les divers réseaux militaires de campagne. Un matériel qui, sortant de sa vocation purement militaire, aura souvent la terrible mission d'être employé à grande échelle pour le transport des déportés vers les camps…

Le pont sur la rivière Kwaï

Rendu célèbre par le film de D. Lean, *le Pont de la rivière Kwaï*, le pont sur la rivière Kwaï, en Thaïlande, a été construit en 1942 lors de la Seconde Guerre mondiale. Les troupes britanniques ayant capitulé à Singapour en février 1942, les soldats de Sa Gracieuse Majesté sont faits prisonniers par les Japonais. Aux côtés d'Américains, Australiens et Néerlandais mais aussi de Malais, Thaïs et Birmans, ils vont construire ce pont à vocation militaire. L'objectif des Japonais est de relier le réseau thaïlandais au réseau birman par une ligne sur laquelle figure le pont sur la rivière Kwaï. Elle ne sera jamais achevée et le tronçon actuel, amputé depuis de sa partie nord, est avant tout destiné aux touristes du monde entier.
Ils viennent voir le fameux pont traversant la rivière. Le « vrai », qui est bien différent de celui du film…

▲ *Livrées à partir de 1945, les 141 R de la SNCF vont vite devenir indispensables. Durant les années 1950, elles acheminent presque la moitié de tout le tonnage des trains de la SNCF. Robuste et simple sur le plan technique, cette machine va rester en service jusqu'au début des années 1970. (France)*

▶ *Une machine électrique franchit au pas un pont provisoire, sous l'œil du mécanicien. Le chemin de fer a grandement participé à la reconstruction du pays. (France)*

▼ *L'une des attractions touristiques majeures du pays est le pont sur la rivière Kwaï. Celui-ci, rendu célèbre par un film, se trouve sur une ligne qui devait joindre la Thaïlande à la Birmanie. Cette ligne, jamais totalement réalisée, est parcourue par des trains destinés avant tout aux nombreux touristes. (Thaïlande)*

Des locomotives disséminées

À l'issue du conflit, on retrouve un grand nombre de machines abandonnées çà et là dans divers pays (France, Autriche, Pologne, Belgique, etc.). Remises en état, rénovées, ou construites juste à la fin du conflit, elles reprennent du service actif beaucoup plus pacifique, le plus souvent lors de la reconstruction. Pour certaines d'entre elles, leur robustesse leur vaut de rester longtemps encore en tête de trains de voyageurs ou de marchandises.

Leurs qualités indéniables permettront à ces machines d'œuvrer de nombreuses années durant, les dernières ayant été retirées du service au début des années 1990…

1920-1950 : Des belles années aux années tristes

Le temps des nationalisations

Le développement commercial de certaines compagnies, dont les bénéfices profitent à de riches industriels, a aiguisé les appétits. La nationalisation des chemins de fer, afin « d'harmoniser les services publics », est bientôt considérée comme l'unique solution.

Généralement, les lignes de chemins de fer ont été, dès leur création, concédées à des entreprises privées, souvent contrôlées par des banques puissantes et de riches industriels. C'est au début des années 1930, que divers États européens s'inquiètent du rôle des chemins de fer, sortes « d'états dans l'État ».

Les chemins de fer sous tutelle étatique

La nationalisation des chemins de fer, considérée comme le meilleur remède à bien des maux, est de plus en plus souvent évoquée comme indispensable

◀ *La politique prônée par les compagnies françaises de rationalisation pour l'exploitation des lignes secondaires a entraîné un essor de l'autorail. Exemple, cet autorail double, construit par Renault, vu en 1937 entre Reims et La Ferté-Milon. (France)*

▲ *Belle affluence en gare de Moscou-Yaroslav au lendemain de la Seconde Guerre mondiale. Le chemin de fer était dans beaucoup de pays ravagés par le conflit l'un des moyens de transports efficaces et appréciés. (URSS)*

dans diverses grandes nations. En Europe, c'est l'Allemagne qui commence à « unifier » la multitude de compagnies privées par une loi votée en mars 1920, rendant effective la nationalisation des chemins de fer en 1924. La Belgique a, de son côté, créé une compagnie nationale, la SNCB, en 1926. Un peu plus tard, la France et les Pays-Bas nationalisent leur chemin de fer, le même jour, le 1er janvier 1938. Ainsi naissent les compagnies SNCF et NS. En France, c'est un processus qui aura été à l'ordre du jour de 1878 à 1938, soit pendant soixante années. On peut estimer que la création de la SNCF est donc le terme d'une lente évolution plutôt que le début d'un programme. Les politiques en matière de traction ne subissent de ce fait

Sept réseaux en France avant la SNCF

Le voyageur des années 1920 était confronté à la multiplicité des compagnies et des sigles apposés sur les matériels. En effet, avant la nationalisation des chemins de fer français, effective en 1938, le réseau ferroviaire était exploité par 7 entreprises distinctes et concurrentes :
– le réseau Alsace-Lorraine (issu du retour à la France des deux provinces),
– la Compagnie de l'Est,
– la Compagnie du Nord,
– le réseau de l'État,
– la Compagnie du PO (Paris-Orléans),
– la Compagnie du Midi,
– et la Compagnie du PLM (Paris-Lyon-Méditerranée).
Si la forme générale des matériels était disparate, la couleur des voitures était beaucoup plus uniforme avec une nette prédominance pour le « vert wagon ». Le PLM et l'Est se distinguaient par des couleurs plus agréables à l'œil. Les voitures de 1re classe du PLM arboraient une livrée rouge fort seyante, en 2e classe la couleur de base était le jaune et en 3e classe les voitures étaient vertes.

La nationalisation des compagnies ferroviaires entraîne la création de la SNCF en 1938. Dans un premier temps, l'uniformisation des matériels reste de rigueur. Ce n'est qu'à partir de 1970 que la compagnie nationale décide de varier la présentation de ses matériels moteurs ou remorqués. Des couleurs plus vives vont faire leur apparition.

que peu de changements durant les premières années de l'existence de la nouvelle société. Cependant, la création au lendemain de la guerre de la Division d'études des autorails (DEA), qui a repris les principaux services de recherche des anciennes compagnies privées, marque le début des actions engagées par la SNCF pour son propre compte et non plus en reprenant des idées anciennes. Toutefois, de nombreuses années durant, seul l'usage des quatre lettres du sigle de la compagnie nationale fera une différence notable pour les voyageurs. L'unification des mentalités, des façons de travailler et du réseau français en général ne sera pas chose aisée.
Sortie d'une guerre civile qui a modifié le visage politique du pays, l'Espagne suit le mouvement, elle aussi, en 1939, et crée la compagnie nationale RENFE. Au lendemain de la Seconde Guerre mondiale, c'est au tour des chemins de fer britanniques d'être étatisés, en 1948. Deux ans plus tôt, le Luxembourg avait créé les CFL et regroupé leurs services ferroviaires jusque-là exploités par des entités industrielles nationales ou franco-belges.

▲ *Cette photographie, prise en avril 1939, montre une machine SNCF du dépôt de Bar-le-Duc. Mais elle porte encore le sigle de son ancien propriétaire, la Compagnie AL (Alsace-Lorraine). (France)*

▼ *Une voiture de 3e classe en version PO-Midi. Peinte en « vert wagon » avec des liserés rouges, elle a été rénovée par l'association française AJECTA de Longueville.*

La recherche stoppée

1920-1950 : Des belles années aux années tristes

Il est facile de comprendre qu'en ces temps où la notion de protection est primordiale, les recherches menées dans les futurs pays belligérants sont ralenties, voire totalement arrêtées. Elles avaient pour objectif d'améliorer les performances de la traction vapeur mais aussi de permettre le développement du diesel appliqué au rail.

Les diverses recherches, visant à rendre la traction vapeur plus performante et le diesel enfin accessible sur une grande échelle, sont interrompues. Pourtant, en 1938, la jeune SNCF a créé la Division d'études des locomotives (DEL).

Deux noms bientôt célèbres

Deux figures marquantes du rail, en France, en font partie : Marc de Caso qui a étudié les locomotives à vapeur série 3.1251 à 1290, pour le compte de la Compagnie du Nord, en 1931, et André Chapelon. En dépit du frein moral de sa hiérarchie, ce dernier pense que la traction vapeur peut fournir un rendement supérieur. Il fait procéder à quelques améliorations notables qui auraient été les bienvenues en toute autre circonstance. Elles auraient sans aucun doute réduit la consommation de combustible, tout en donnant au chemin de fer une compétitivité accrue face à une concurrence déclarée. La guerre, puis le changement de politique concernant les transports en France, avec une priorité accordée à la traction électrique, auront raison des théories de l'ingénieur. De Caso et Chapelon se plaignent de ne pouvoir transformer que de l'ancien matériel. Victime chacun de circonstances économico-politiques, leurs recherches n'ont pas été appuyées par le ministère de la Recherche technique et scientifique. En fait, la SNCF a déjà commencé à réfléchir sur l'opportunité de se doter d'un parc de locomotives thermiques, présentes sur les lignes SNCF, seulement sous la forme de locotracteurs et de rares prototypes d'origine PLM. Le projet a été abandonné au cours de la guerre, mais la SNCF mise sur l'autorail pour le redémarrage du réseau à la Libération, dans l'attente d'une étude beaucoup plus poussée et de la mise au point d'une machine de ligne qui permettrait la réforme des locomotives « héritées » des anciennes compagnies. Sans le reconnaître, la SNCF pense que l'électricité est une solution d'avenir qui verra son application en des temps meilleurs. L'électrification, en 1937, de l'axe Paris-Le Mans a ouvert des perspectives intéressantes.

◀ *Bien que freinée par la guerre, la recherche se poursuit sans soutien officiel. La série 240 P de la SNCF provient de la transformation, initiée par André Chapelon, de locomotives type 231 série 4500 du Paris-Orléans. La photographie, prise par Chapelon lui-même, montre la 242 P 1 au dépôt de Tours en 1940. À droite, M. Chan le chef de la Division d'études des locomotives de la SNCF. (France)*

L'amorce du déclin de la vapeur

En général, les divers programmes de construction de locomotives sont abandonnés dans un grand nombre de cas, très souvent définitivement. Des pays belligérants, seule l'Allemagne consent à renforcer son potentiel ferroviaire, mais sans appliquer de techniques « révolutionnaires » ou en avance sur leur temps. La DRG a un besoin de machines puissantes, avant tout destinées au transport de matériels militaires et des marchandises, en priorité celles vouées à l'industrie lourde. Alors les considérations de rendement ou de performances tombent vite dans l'oubli, même si quelques expérimentations sont réalisées sans publicité, là aussi dans le but de rendre les locomotives à vapeur plus performantes. Mais la DRG, au lieu de tout axer sur le charbon, ne néglige pas la traction électrique, qui s'est bien développée dans le pays sous l'impulsion des compagnies régionales de Bavière et de Prusse, ni la traction Diesel, qui lui semble porteuse d'espérances, notamment en service local.

Il est facile de comprendre que les constructions neuves, hors celles destinées au conflit, sont assez rares. Les chantiers des constructions qui étaient en cours lorsque la guerre éclate se poursuivent tant qu'il y aura des matières premières en quantité suffisante.

▲ *Les chemins de fer allemands ont aussi participé aux recherches en vue d'améliorer les performances et le rendement des locomotives à vapeur. Cette locomotive, la T 18 1001 construite par Krupp peu avant la guerre, était munie d'une turbine et d'un tender à condensation. (Allemagne)*

◀ *Ce curieux autorail à voie métrique, datant de 1949, est en fait une automotrice électrique appartenant à la compagnie privée MIB ! La traction est assurée au moyen de batteries placées dans les capots. Cette technique s'est développée, notamment en Allemagne. (Suisse)*

▲ *Cette machine, série E 636, fait partie de celles construites pour les chemins de fer de l'État italien (FS) en 1940. La série, rénovée en 1962, est encore présente sur les voies des FS, preuve de la robustesse de sa construction. (Italie)*

La Suisse s'affranchit du charbon

Les nouveautés, on les trouve en Suisse, pays non engagé dans l'épreuve mais « concerné », qui recourt de plus en plus à l'électricité. Les autorités craignent des lendemains douloureux à l'issue du conflit pour l'approvisionnement en charbon. Ce en quoi les dirigeants suisses auront vu juste ! Ainsi pendant le conflit, le BLS, une grande compagnie privée, met en service deux nouvelles séries de locomotives électriques en 1938 et en 1944.

La ligne du Brünig des chemins de fer fédéraux, à voie métrique, se dote de fourgons automoteurs électriques, dès 1941, résolvant ainsi l'épineux problème d'approvisionnement en combustible et démontrant en même temps son avancée vers le modernisme.

▶ *Construite en Suisse pour le chemin de fer franco-éthiopien, cette locomotive Diesel a été testée sur la dure ligne de la Bernina. On la voit en essai au cours de l'été 1950. (Suisse)*

▲ Arrivées en France pendant le conflit, les 140 U américaines du Transportation Corps ont participé à la reconstruction du pays. Leur carrière sera brève cependant. (France)

En Italie, qui dispose, en 1940, de plus de 5 200 km de lignes électrifiées, la traction électrique connaît un renfort de taille avec l'arrivée prévue de plus de 900 locomotives séries E 636 et E 645. Celles-ci sont introduites à partir de 1940. Mais les Allemands, lors de leur retraite, emportent avec eux de nombreuses installations électriques ainsi que des équipements prélevés sur des locomotives, à base de cuivre nécessaire et précieux. Interrompue plusieurs années durant, la mise en service des ces machines destinées aux chemins de fer de l'État italien (FS) ne reprend qu'à l'issue du conflit.

Le rail américain dans la démesure

Aux États-Unis, la traction électrique connaît un certain regain alors que l'on construit toujours de belles locomotives à vapeur. Ayant déjà innové dès les années 1920, la compagnie Pennsylvania Railroad acquiert une locomotive électrique de 216 tonnes, aux formes tourmentées dues au talentueux Raymond Loewy. Cette GG1 en configuration 2CC2, une machine capable d'atteindre 160 km/h, est mise en service à partir de 1934. Ses qualités sont telles que la série est construite jusqu'en 1941. En fin de carrière, on verra même quelques survivantes dans les années 1980, sous la livrée Amtrak, la compagnie nationale du transport des voyageurs. Mais le diesel commence à prendre de l'ampleur et va au fur et à mesure se substituer aux vénérables locomotives à vapeur. Car les compagnies privées ne sont pas restées inactives et ont réalisé plusieurs expérimentations. Notamment dans la démesure !

C'est en 1941 que naît la plus grande locomotive au monde, baptisée *Big Boy* (gros garçon). Elle mesure 40 m de long, soit deux fois plus qu'une machine européenne. D'un poids de 541 tonnes, cette imposante locomotive, en configuration 240+042, dispose d'une puissance de 5 000 chevaux permettant de remorquer des trains de 7 000 à 9 000 tonnes. L'idée d'une machine articulée n'est cependant pas neuve, mais la compagnie Union Pacific la pousse à l'extrême.

▼ La dynamique et puissante compagnie du Pennsylvania Railroad se dote à partir de 1934 d'une incroyable machine de 216 tonnes de métal : la GG1. Locomotive électrique à l'allure tourmentée, elle est sans conteste l'une des figures les plus marquantes de l'histoire du rail aux USA. (États-Unis)

André Chapelon

Né en 1892 et mort en 1978, André Chapelon a été l'un des plus grands ingénieurs de l'histoire mondiale des chemins de fer. En Grande-Bretagne, on n'a pas hésité à le surnommer *the genius of french steam*, ce qui se traduit par « génie de la vapeur française ». Passionné par la locomotive à vapeur, dont il va faire sa raison d'être, il a cru jusqu'au bout en l'avenir de la traction vapeur.

Alors que la SNCF s'est ouvertement prononcée pour une mise en place de la traction Diesel sur les lignes secondaires et l'électrification des grandes lignes et axes internationaux, Chapelon continue d'étudier des locomotives qu'il classe, selon ses idées, dans la troisième génération, avec la conception puis la réalisation de cinq types différents, tous dévolus à des services particuliers. Toutes les locomotives pensées par André Chapelon ont en commun un châssis monobloc, un moteur trois cylindres compound et un effort de traction de 4 000 chevaux. C'est le coût qui va être déterminant dans l'abandon des projets de l'ingénieur français. Le charbon est devenu cher, comme la maintenance ; une grande demande de pièces détachées ainsi que la conduite avec plusieurs cheminots à bord : la cause est entendue, les machines d'André Chapelon ne verront jamais le jour...

Issu de l'École centrale, il est entré au PLM en 1921, où il n'a fait qu'une brève carrière avant de rejoindre en 1924 la Compagnie du PO (chemins de fer de Paris à Orléans), pour laquelle il met à profit quelques recherches technologiques d'importance.

Sa première grande réussite consiste à faire transformer des machines série 3 500 du PO pour leur conférer une puissance accrue. Il va poursuivre ses investigations jusqu'à son départ en retraite en 1953.

Les spécialistes de la question estiment que les mérites de Chapelon n'ont pas été reconnus à leur juste valeur. Ses derniers projets furent jugés « utopiques ». Mais André Chapelon était-il vraiment un utopiste ?

63

Avec les moyens du bord

1920-1950 : Des belles années aux années tristes

Si les chemins de fer participent activement à la reconstruction des pays ravagés par le conflit de 1939-1945, les moyens financiers disponibles pour leur propre restauration sont rares, voire inexistants.

Devant l'urgence d'une situation précaire, l'argent disponible est avant tout investi dans l'habitat, puis au profit des infrastructures (ponts et routes) et des remises en marche d'usines. Les compagnies ferroviaires doivent assumer leur mission dans un contexte difficile, et se sortir au mieux de services chaotiques avec les moyens du bord.

Un héritage hétéroclite

Le matériel hérité d'avant-guerre, encore en état de marche, est réparé sommairement pour reprendre le plus vite possible du service actif. Quelques chiffres éclaireront le lecteur. En France, à la fin des hostilités, sur les 17 000 locomotives de la SNCF, seules 3 000 sont en état de marche et sur les quelque 40 000 km du réseau, la SNCF parvient à faire circuler des trains sur 18 000 km à peine, et disséminés sur le territoire. En Allemagne, une partie du matériel a été réquisitionnée par les forces soviétiques au titre de « réparation de guerre » et envoyée en URSS ; ailleurs, les « emprunts » de locomotives ne sont pas rares. Mais il n'y a pas que les locomotives qui sont éparpillées. Des milliers de voitures et de wagons sont « réquisitionnés » pour faire face à un redémarrage difficile. Pour pallier ce manque chronique de matériel et dans l'attente de la réouverture des lignes endommagées, les services ferroviaires sont souvent limités, et l'on va même jusqu'à proscrire les déplacements autres que ceux d'« intérêt public ».

Quant au charbon, principal combustible employé, il fait défaut et son prix a vite grimpé, limitant là encore la circulation des trains. C'est son coût élevé qui va, dans la décennie suivante, donner du tonus à la traction Diesel, restée longtemps marginale.

▲ *Il n'y a pas que des locomotives qui ont été gardées comme prises de guerre. Des voitures allemandes ont été incorporées dans le parc de la SNCF, comme ici cette voiture qui circulait encore dans les années 1970-1980.*

◀ *La construction du renfort pour les besoins militaires du Reich allemand a aussi entraîné la réalisation de matériels en voie étroite. La série KDL 11 a été conçue pour la voie de 760 mm. Réemployée par les chemins de fer fédéraux pendant une trentaine d'années, elle est aujourd'hui propriété d'une association de sauvegarde, le Club 760. (Autriche)*

Les voitures « prises de guerre »

En gare de Nice, une « prise de guerre », type Bastille, a été photographiée quelques mois avant sa réforme.

La Seconde Guerre mondiale achevée, la jeune SNCF (sa création date de 1938) doit faire face à une situation générale des plus perturbées. Le matériel remorqué (voitures et wagons) a lui aussi subi de nombreuses destructions : environ 10 000 unités manquent à l'appel. En outre, à la signature de l'Armistice en mai 1945, ce sont également 8 800 voitures et fourgons qui se trouvent hors des frontières françaises. Des échanges avec les pays voisins permettent de rapatrier une partie des voitures françaises sur leur réseau d'origine, mais avec les pays de l'Est, du fait de la guerre froide, ce type de tractation se révèle beaucoup plus difficile. Au total, ce sont près de 14 000 véhicules qui ont été soustraits par faits de guerre, soit plus du tiers du parc de 1939. Lors de la débâcle, les troupes allemandes laissent un parc étranger, appelé « prises de guerre ». Ne pouvant récupérer en totalité ses voitures, et pour faire face à une demande en constante progression, la SNCF décide d'incorporer ce parc plutôt hétérogène hérité de la DRG (compagnie allemande du Reich). Celui-ci, qui comprenait des voitures disparates mais modernes, souvent à caisse métallique, ne va qu'en partie compenser l'absence des voitures non restituées (environ 4 000 unités). Au début de 1948, la SNCF disposait de près de 1 600 unités d'origine étrangère qui vont renforcer les françaises. On trouve parmi ces voitures un peu plus de 1 300 unités de voitures à deux ou trois essieux et plates-formes ouvertes, dont un grand nombre va servir de remorque d'autorails. Le reste se composait de voitures type « grandes lignes », qui vont surtout œuvrer en service local ou omnibus. Certaines vont devenir célèbres, telles les voitures appelées « Bastille » du fait de leur utilisation sur la ligne de la banlieue parisienne vers Vincennes. Le matériel à deux essieux, appelé communément « boîtes à tonnerre », restera en service jusqu'en 1977 et les dernières voitures « Bastille » jusqu'en 1984.

Une voiture « boîte à tonnerre », autrefois prise de guerre SNCF, a été rachetée d'occasion par un chemin de fer touristique.

Cette locomotive série 98 de la Deutsche Reichsbahn a été réquisitionnée par les forces soviétiques présentes sur le territoire autrichien à l'issue du conflit. Elle porte le « T » de trophée devant son numéro et l'emblème soviétique sur ses flancs. (Autriche)

1920-1950 : Des belles années aux années tristes

▲ C'est leur gabarit réduit qui a permis à des 030 TU américaines de circuler sur les lignes du royaume britannique. Ayant échappé à la ferraille lors de sa réforme, l'une d'elles a été restaurée par le chemin de fer touristique du Bluebell Railway. (Grande-Bretagne)

▼ Machines de manœuvre par excellence, et aussi efficaces pour la remorque de trains légers de marchandises, certaines 030 TU américaines réformées ont connu une seconde carrière pour le compte de la compagnie fédérale, les JZ. (Yougoslavie)

Le secours des USA

L'apport de matériels prêtés par les USA – pendant le conflit dès 1942 – à la France ne suffit bientôt plus. Débarquées directement sur le sol français, les 140 U sont engagées immédiatement dans les hostilités. Elles sont au nombre de 578, bientôt renforcées par 450 machines série 030 TU du Transportation Corps qui traversent l'océan Atlantique en 1944 et viennent renforcer les besoins de l'armée américaine. Très efficace dans les ports et sur les embranchements particuliers, cette petite locomotive robuste se révèle utile et performante. La Grande-Bretagne participe également à cette aide. Le War Department britannique a commandé à l'industrie trois types de machines, dont des 140 baptisées *Austerity*, l'austérité étant à l'ordre du jour. Au total, 732 machines sont construites à partir de 1943. Une partie d'entre elles débarque avec les troupes britanniques. La SNCF profite de l'occasion pour en louer, en 1947, avant qu'elles ne retournent dans leur pays d'origine, reprises par les chemins de fer britanniques. Mais ces apports ne suffisent plus. Les gouvernements français et belge se tournent vers les USA, grands producteurs de locomotives, dont les installations n'ont pas souffert de la guerre. La SNCF passe commande, dans le cadre d'un « prêt-bail », de 1 340 locomotives type 141 R, une machine assez proche d'un modèle qui a fait ses preuves outre-Atlantique. Sa qualité majeure est sa capacité à remorquer indifféremment des trains de voyageurs ou de marchandises. La première unité est livrée dès le mois de

▲ D'une disposition d'essieux 140, et non 141 comme les R de la SNCF, les machines série 29 de la SNCB peuvent être considérées comme les cousines des machines françaises. Elles ont aussi fortement contribué au redémarrage des chemins de fer dans leur pays. (Belgique)

novembre 1945 et la dernière en septembre 1947. Seules 1 323 sont effectivement mises en service, le solde (17 locomotives) s'étant perdu dans la Méditerranée en avril 1947, lors du naufrage du transporteur norvégien, un drame qui engloutit également les marins du navire. La SNCB, en Belgique, se décide pour une machine type 29, de configuration 140, dont 300 unités sont livrées à partir de 1945. Elles aussi sont destinées à des tâches mixtes, à la fois pour les trains de voyageurs et pour remorquer des trains de marchandises. D'autres pays, comme la Turquie, la Yougoslavie ou la Grèce, ont recours aux USA pour renforcer leur parc de traction. Toutes ces machines, nées dans des temps troublés de l'histoire mondiale, ont permis le redémarrage de l'économie de plusieurs pays dévastés. Elles restent en service actif plus de trente années pour les machines de la SNCF, un peu moins pour les belges. Plusieurs d'entre elles ont été préservées, dont quelques-unes en état de marche pour le compte d'associations ou à titre muséographique. La traction Diesel contribue elle aussi au redémarrage de la SNCF.

▲ *Étudiée dans la difficile période de la guerre, la série 141 P passe pour l'une des meilleures locomotives à vapeur de la SNCF. Quoique limitée en vitesse, la 141 P – forte de 318 unités livrées entre 1942 et 1948 – va se révéler fort utile surtout lors de la remise en marche du réseau national. La série sera réformée au début des années 1970. (France)*

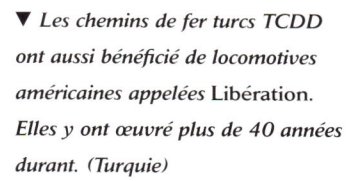

▼ *Les chemins de fer turcs TCDD ont aussi bénéficié de locomotives américaines appelées* Libération. *Elles y ont œuvré plus de 40 années durant. (Turquie)*

▲ *Cette machine, ex-série 52 de la DRG, reprise par les CFL, a assuré du trafic marchandises plus de 25 ans avant de s'effacer devant le diesel. (Luxembourg)*

Une inspiration venue des USA

Inspirée et construite par l'industrie américaine, la série A1A-A1A 62000 (100 machines) matérialise le réveil de ce mode de traction à partir de 1946, année où sont livrées les premières unités. Trop puissantes pour les manœuvres mais pas assez pour circuler en ligne, et surtout trop lourdes, ces machines à l'allure résolument américaine s'adaptent mal au réseau français, et leur carrière reste somme toute modeste par rapport aux espérances. Cependant, elles ouvrent la voie du diesel pour la France, qui va abandonner la « philosophie » américaine et se tourner vers des réalisations plus pointues sur le plan des technologies. D'autres constructeurs européens vont, pour leurs premières réalisations en diesel, eux aussi s'inspirer de fabrications américaines, et les premières machines produites ne peuvent renier leur origine.

LES 141R : DE BELLES AMÉRICAINES

1920-1950 : Des belles années aux années tristes

▶ *La mise hors service de ces machines s'est accompagnée de diverses marches spéciales d'adieu.*

Nées aux États-Unis, les locomotives à vapeur 141 R de la SNCF sont parmi les plus célèbres en France et représentent la plus importante série jamais mise en service dans ce pays avec 1 323 unités. Elles ont sans aucun doute participé au sauvetage du chemin de fer au lendemain de la Seconde Guerre mondiale et ont tracté, jusqu'à l'extinction de la vapeur en France, tous types de trains.

C'est avec l'aide du plan Marshall, destiné à revitaliser l'économie des pays détruits par les faits de guerre, que la SNCF obtient les moyens de renforcer son parc de locomotives bien insuffisant. C'est l'industrie américaine et dans une moindre mesure des usines canadiennes qui vont dans un temps record construire 1 340 machines,

◀ *Les 141 R ont inauguré l'ère de la conduite en banalité, c'est-à-dire avec des équipes se relayant. Ce changement a marqué la fin des équipes titulaires, fidèles à la même locomotive dont elles étaient responsables.*

livrées entre 1945 et 1947. Seules, 1 323 sont mises en service car 17 unités manquent à l'appel, gisant au fond de la mer à la suite du naufrage du navire qui les transportait.

Avec une disposition d'essieux type 141, c'est-à-dire un essieu porteur avant, quatre essieux moteur et un essieu porteur arrière, la « R » est une locomotive « mixte » c'est-à-dire capable de remorquer un train de marchandises comme un train de voyageurs. Loin d'être rapide, ni lente, d'une puissance plutôt moyenne, mais bonne à tout faire, et à cette époque la SNCF en a un grand besoin, les 141 R vont devenir indispensables sur tout le réseau français. Sa vitesse limite de 105 km/h va cependant lui interdire la remorque de trains de grandes lignes à long parcours. Un chiffre est éloquent : en 1950, presque la moitié du trafic ferroviaire de la SNCF est assuré par les belles américaines.

Bien vite, la France manque de charbon. La compagnie nationale décide de faire transformer une partie de ces machines pour la chauffe au mazout, dans la mesure où le pétrole abonde et qu'il est à bas prix. Près de

▶ *L'une de ces machines, la 1244, a émigré en Suisse où elle assure des trains spéciaux d'amateurs pour le compte d'une association.*

la moitié de la série est transformée, soit au total 603 locomotives pour être précis.
Robustes et très simples quant à leur mécanique, ces 141 R issues d'un modèle américain mis au point pendant la Première Guerre mondiale vont quasiment clore le chapitre de la traction vapeur en France. Les dernières sont mises hors service au début des années 1970. Plusieurs d'entre elles ont été sauvées de la ferraille et connaissent une seconde carrière pour le compte d'associations.

▼ *La 141 R 840, à chauffe au mazout, a été rachetée par des amateurs pour être remise en état de marche.*

70

1951-1975

Investir pour progresser

Au début des années 1950, l'idée d'un chemin de fer moderne tente de faire son chemin, seul le manque de moyens financiers freine cette ardeur. C'est pourquoi il faut attendre le début des années 1960 pour voir de nouveaux matériels en quantité et de bonne qualité. Le progrès va en même temps se manifester par un relèvement des vitesses commerciales et une amélioration sensible des installations de sécurité. Année après année, les chemins de fer européens innovent et œuvrent pour replacer le rail dans un contexte plus favorable et lui donner, enfin, les moyens pour se développer et affronter la concurrence en toute quiétude.

1951-1975 : Investir pour progresser

Une question de finances

Après une reconstruction difficile et longue, les chemins de fer d'Europe retrouvent une ère un peu plus propice aux améliorations. Les moyens financiers, sans atteindre les sommes espérées, sont de nouveaux disponibles. Les chantiers sont nombreux et la patience est de rigueur.

La situation des principaux réseaux européens ayant atteint un niveau honorable sur le plan des performances et de la fiabilité, dès le début des années 1960, en dépit de la présence d'un parc moteur et tracté vieillissant, les administrations ferroviaires disposent enfin des subsides nécessaires pour esquisser un programme de modernisation sur différents secteurs : les voies et les installations de sécurité, les matériels moteurs et remorqués aussi bien des voyageurs que des marchandises, ainsi que la reconstruction de certains bâtiments de gares et de dépôts.

Des projets en grand nombre

Une ère de prospérité s'ouvre pour les constructeurs ferroviaires et les bureaux d'études planchent sur plusieurs projets dont un grand nombre trouve une concrétisation, vu l'importance de la demande. Il est vrai que les services de la traction souffrent de la présence encore considérable de locomotives à vapeur souvent hors d'âge, en attente de rénovation, dont la maintenance est délicate faute de pièces de rechange, un grand nombre de ces machines ayant été héritées des réseaux d'avant-guerre. Le parc des voitures et des wagons n'est guère mieux loti. Pour faire face à une demande constante, la Deutsche Bundesbahn en Allemagne n'hésite pas à réutiliser des châssis d'anciennes voitures qui sont alors munis de caisses neuves. Une solution à la limite du bricolage, qui présente l'avantage majeur de la rapidité par rapport à la construction

▲ Pour faire face au développement des lignes secondaires à voie étroite, les chemins de fer fédéraux les ont modernisées en remplaçant la vapeur par le diesel, également en rénovant le parc des voitures. Une mesure fort appréciée des voyageurs et des touristes. (Autriche)

▲ Afin de ne pas être tributaire du charbon, les réseaux suisses ont vite opté pour la traction électrique. Ici, un train de la compagnie privée régionale du val de Travers marque l'arrêt en gare de Fleurier au début des années 1950. (Suisse)

▶ Lorsque les moyens financiers ne sont pas suffisants, au lieu de se résoudre à fermer, certains réseaux secondaires optent pour la voie du matériel d'occasion. C'est le cas du réseau privé Jagsttalbahn qui, pour ses services scolaires, a fait l'acquisition d'autorails de réemploi, comme cet engin datant de 1939. (Allemagne)

L'Afrique ferroviaire

de voitures neuves, dont la conception est longue et surtout plus coûteuse. Une méthode appliquée également en Autriche, en Italie et en France. Ces rénovations partielles concernent plusieurs milliers de voitures qui rejoignent un parc disparate, où figurent des unités laissées par l'occupant lors du conflit, mais aussi des séries datant des années 1920 ou d'avant.

Tandis que le charbon devient rare et cher, la fin des années 1950 est marquée par une floraison importante de nouvelles séries de locomotives Diesel, une tendance qui va s'accentuer au cours de la décennie suivante avec l'arrivée de nouveaux autorails. En France, en Allemagne, en Espagne, en Belgique et en Italie, la traction vapeur s'efface au profit du diesel, qui reprend un grand nombre de relations grandes lignes, et de manière moindre devant l'électricité qui gagne du terrain, favorisant l'équipement en nouveaux matériels.

Une amélioration sensible du matériel

Pour améliorer les performances sur des lignes où des travaux ont enfin été entrepris, les trains doivent être composés de matériels aptes à des vitesses plus élevées. Les voitures et wagons dont certains éléments ont dépassé les cinquante années de service, même modernisés, ne répondent plus à cette attente. En Grande-Bretagne, en France et en Allemagne, les compagnies nationales mettent en place de vastes programmes de construction de nouvelles voitures, déclinées en plusieurs versions et dans les trois classes. Pour

▶ *Pour renouveler son parc de voitures grandes lignes, la DB a commandé un très grand nombre de voitures unifiées du type M, longues de 26,40 m et dotées d'un confort en net progrès. (Allemagne)*

▲ *L'absence de moyens suffisants a longtemps contraint plusieurs pays à se débrouiller pour leurs services ferroviaires. Ici, une rame voyageurs digne d'un musée continue d'assurer sa mission quotidienne pour le compte des populations locales. Au début des années 1960, ce n'est souvent que le seul lien avec la grande ville avoisinante. (Inde)*

Le continent africain dispose d'une faible infrastructure ferroviaire. On ne trouve que peu de réseaux cohérents, avec des installations lourdes, mais plutôt une multitude de petites lignes. Celles-ci ont été réalisées pour permettre l'exportation des richesses naturelles vers les ports. Dans la majorité des cas, elles ont été construites à faible coût, principalement en voie étroite (généralement écartement de 1,067 m) et dans le seul but de profiter au commerce colonial des grandes puissances. On trouve peu d'exceptions à cette démarche : seulement les extrémités nord et sud, avec notamment le Maghreb et l'Égypte ainsi que l'Afrique du Sud, qui ont hérité de réseaux cohérents du fait d'autres systèmes politiques et économiques.

▲ *Les réseaux africains dépendant généralement de pays « colonisés » n'ont pu se développer que tardivement. Ici, une rame de fabrication française assurant une relation Dirédaoua-Addis-Abeba marque l'arrêt en gare d'Aouache en novembre 1969. (Éthiopie)*

▲ L'expérimentation en matière ferroviaire s'est poursuivie aux USA dans les années 1950. On voit ici une locomotive à turbine à vapeur et transmission électrique, de la compagnie Norfolk and Western Railroad, en 1954, construite par Baldwin-Westinghouse et baptisée Jawn Henry. (États-Unis)

▲ Un Trans Europ Express à destination de Hambourg quitte la capitale bavaroise, Munich. En tête se trouve un CC série E 03, série acquise par la DB pour tracter ses trains de vitesse, notamment sur une portion à 200 km/h entre Munich et Augsbourg. (Allemagne)

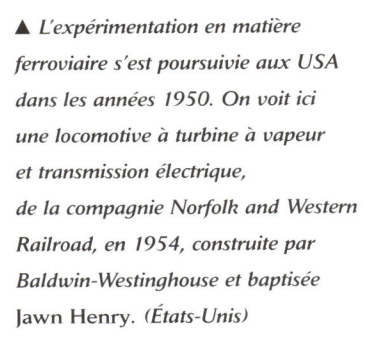

réduire les coûts, les constructeurs ont opté pour un diagramme de caisse unique, dit « unifié ». Ainsi les voitures du type M longues de 26,40 m, en Allemagne, et les UIC longues de 24,50 m, en France, des séries produites à plusieurs milliers d'exemplaires, favorisent un rajeunissement des trains de grandes lignes. Les qualités indéniables de ces matériels permettent à un grand nombre d'entre eux d'être encore en service plus de trente ans après leur construction, et les dernières unités pourraient rester actives une bonne dizaine d'années au moins. Si l'Europe a du mal à remettre ses chemins de fer sur la bonne voie, en URSS, en Chine mais aussi aux États-Unis la modernisation est passée par là permettant la mise au point de milliers de locomotives Diesel. Fournies par l'industrie américaine à plus de 37 000 unités, ces locomotives vont avoir des descendances européennes à grande échelle.

Les débuts de l'Europe ferroviaire

Sur le continent européen, le développement des chemins de fer passe par une idée force : une meilleure desserte ferroviaire des principales métropoles européennes. En 1954, un visionnaire de l'époque, M. Den

▶ Une Pacific (configuration 231) en voie métrique ! C'est un fait assez rare pour être souligné, mais lorsque cette machine apparaît, en 1949, le réseau indien compte 28 000 km en voie métrique. La faiblesse des capitaux disponibles pour une modernisation du réseau indien leur a assuré une carrière longue et besogneuse. (Inde)

Holländer (directeur des chemins de fer néerlandais), met en avant le projet d'un réseau de trains rapides desservant les capitales et grandes villes de l'Europe de l'Ouest. Celui-ci se concrétise sous la forme du groupement Trans Europ Express qui naît en 1957. Il fait appel à des matériels neufs (rames tractées, automoteurs ou automotrices) offrant des places en première classe avec un service de restauration. La cible visée est avant tout la clientèle d'hommes d'affaires et de fonctionnaires qui, depuis la création de la CEE (Communauté économique européenne), sortent de plus en plus des limites de leur pays d'origine. Le succès, quasiment immédiat, est pourtant en totale contradiction avec la « démocratisation » des chemins de fer amorcée avec l'abandon de la troisième classe en 1956. Le groupement se développe et, avec de nécessaires retouches, atteint son apogée dans les années 1970 avant de subir une lente érosion entraînant sa suppression définitive.

▲ *Parmi les investissements importants réalisés par la DB dans les années 1960 figure la ligne « à vol d'oiseau » (Vogelfluglinie) qui relie le Danemark à l'Allemagne. Un pont de 963 m a été construit afin de permettre de meilleures relations ferroviaires entre les deux pays et de supprimer le transfert des voitures par les ferries. (Allemagne)*

▲ *Scène de gare à Paris-Lyon dans les années 1960, avec le* Train bleu *à destination de la Côte d'Azur. Le conducteur des wagons-lits vérifie le titre de réservation tandis que le porteur, un métier aujourd'hui disparu, attend à l'écart. (France)*

▼ *La ligne de Paris-Bastille à Vincennes a longtemps été exploitée par la SNCF avant d'être intégrée dans le réseau express régional. Ici des 141 TB en attente d'un prochain service ont été photographiées au dépôt de Vincennes au début des années 1960. (France)*

Une concurrence accrue

Paradoxalement, c'est à une époque où de lourds investissements sont consentis par les administrations ferroviaires – généralement soutenues par les caisses publiques, il faut le préciser – que le chemin de fer doit se mesurer à une concurrence routière de plus en plus agressive et au démarrage des relations d'affaires par avion. Le choc est d'autant plus rude que peu d'entreprises avaient pris les dispositions nécessaires pour parer le coup, notamment sur le plan du transport des marchandises.

Une période de déclin s'amorce et divers programmes sont différés dans un premier temps, puis totalement abandonnés. Il est permis de se poser une question importante : cette attente de « jours meilleurs » plus propices au développement du chemin de fer était-elle véritablement irréfléchie ou bien répondait-elle secrètement à d'autres choix, notamment pour favoriser un certain pluralisme ?

Divers experts en la matière semblent avoir répondu à la question et sont unanimes sur ce point : la solution qui consistait à ne rien faire dans l'attente de ces jours meilleurs relevait d'une utopie malsaine. En fait, le déclin du rail est une aubaine pour l'industrie automobile. La politique d'abandon des transports collectifs, avec la suppression de lignes ferroviaires et de tramways – une erreur reconnue près de trente années plus tard –, va intensifier la désertification rurale et ouvrir la porte à la création de gigantesques cités. Un choix plus équilibré aurait évité bien des problèmes d'urbanisme, de pollution et de qualité de vie, mais aussi de société. Pour accentuer la tendance, les trains autres que les TEE souffrent d'une image désuète servie par un confort laissant à désirer et des matériels où le « vert wagon » prédomine.

Au nom de la rentabilité

On pare souvent au plus pressé et des réparations sommaires ne sont effectuées qu'en cas de nécessité absolue, notamment lorsque la sécurité des voyageurs est en jeu. Mais un programme cohérent et ambitieux, destiné à affiner les fonctions du chemin de fer dans l'organisation des transports, reste souvent une demande non satisfaite. Les trains régionaux – on dit alors « omnibus » – souffrent d'une lenteur chronique alliée à des conditions de voyage plus que spartiates, ce qui conduit souvent le voyageur à préférer se déplacer avec son véhicule personnel. Le coût du voyage et une politique commerciale quasi nulle contribuent également au détournement de la clientèle du rail.

Tous ces facteurs vont déterminer la mise en place d'une politique de rationalisation. Le mot est lâché. Lourd de conséquences, souvent hâtives, ce plan entraîne la fermeture d'un très grand nombre de lignes qualifiées de « non rentables ». Cette mesure, bien impopulaire au demeurant, permet aussi de réduire considérablement le nombre de cheminots. Mais il n'y a pas que les voyageurs qui abandonnent le rail. Les marchandises, source importante de revenus des chemins de fer, se détournent elles aussi et vont faire la fortune de transporteurs routiers.

Quant au transport scolaire, mis à mal par la désertification des régions éloignées des grandes métropoles, sa faible « rentabilité » financière conduit les administrations ferroviaires à le négliger si ce n'est à souhaiter son transfert à la route. Une notion importante, bien que totalement abstraite, la « rentabilité », va resurgir des profondeurs.

▲ *Le confort plutôt spartiate du matériel employé a contribué à une désaffection des lignes secondaires. La fermeture de ces lignes a souvent, ici également, été la réponse dans ce pays où la notion de service public a longtemps primé. (Pologne)*

▶ *Image typique d'un train omnibus des années 1950. La locomotive et les voitures ne comptent plus le nombre d'années de service. Gare de Dudelange-Usines. (Luxembourg)*

▼ *Un agent de sécurité, appelé communément « chef de gare », à son poste de travail. La vétusté des installations de sécurité et de signalisation a longtemps constitué un frein au développement de nombreuses relations ferroviaires. (France)*

La sécurité en mal d'investissements

1951-1975 : Investir pour progresser

◄ *Deux exemples d'installations de sécurité en attente de modernisation. En premier plan, un signal mécanique datant de l'époque des compagnies privées, et en arrière-plan, un passage à niveau manuel. L'absence prolongée de crédits pour les remplacer leur a permis de subsister de nombreuses années durant. (France)*

▼ *Même des réseaux « riches » comme le chemin de fer fédéral allemand, la DB, ont tardé à moderniser leur signalisation. Longtemps, cette ligne en Forêt-Noire a dû se contenter de signaux mécaniques.*

Si le financement de nouveaux matériels (locomotives, voitures et wagons) pose problème à cette époque, en raison d'une approche bien timide des besoins et du quasi-désintérêt des pouvoirs publics, il faut le souligner, les infrastructures et les installations de sécurité, bien que vitales au bon fonctionnement, souffrent aussi de cette pénurie de moyens financiers.

Les signaux anciens de type mécanique sont mûs par des tringles en métal, et si la fiabilité du système n'est pas en cause, l'entretien et la vétusté de l'installation sont source d'inquiétude. Les voies et surtout les aiguillages, en grande partie également mûs par des tringles en métal, nécessitent un entretien rigoureux et permanent, et la réparation sommaire ne résout pas tous les maux, loin s'en faut. Les passages à niveau ne sont pas mieux lotis, la plupart étant encore actionnés manuellement même sur les grandes lignes dans divers pays. L'automatisation est, encore à ses débuts, une technique coûteuse à installer.

Quant aux gares, leurs aménagements n'ont quasiment pas été modifiés au cours des ans, et ce n'est pas seulement un rafraîchissement à la peinture neuve qui rend l'accueil plus agréable. Là encore, l'absence de crédits doit être palliée par des mesures temporaires et limitées, dont les effets tangibles sont mesurés. Mais il est vrai que l'on parle encore de voyageurs et non de clients, tandis que le chemin de fer devient au fil des ans un parent pauvre du monde des transports. Au nom de la notion de « service public » bien des erreurs d'appréciation sont commises, parfois avec de lourdes conséquences humaines et économiques.

Pour accentuer cette tendance négative, il faut rappeler que les statistiques d'alors sont mauvaises dans de nombreux pays, les concurrences routière et aérienne dopées par des résultats prometteurs grignotent des parts de marché au rail. Seule une réelle prise de conscience des atouts du rail va permettre de sortir de cette spirale dangereuse pour le devenir des chemins de fer en Europe.

77

Rationaliser, une priorité

Alors que bon nombre de compagnies européennes sont mises à mal par une concurrence routière de plus en plus florissante et un système aérien plus accessible grâce à des actions et à des promotions tarifaires, les compagnies ferroviaires sont gagnées par le doute.

Le report ou l'abandon pur et simple de certains investissements entraînent les chemins de fer dans une spirale négative qui occulte des paramètres d'importance, comme la démographie et ses effets sociaux. Seule la notion de « rentabilité » – recettes/dépenses – est prise en compte. En clair, c'est sur cette base, critiquable à bien des égards, que les compagnies sont amenées à faire des choix et à dresser des listes de lignes et de services à supprimer.

▲ *De suppressions en diminutions, le réseau du Vivarais – ici la gare de Dunières en 1963 – exploité par les chemins de fer départementaux, a lui aussi cessé de fonctionner en 1968. Une modernisation partielle de son parc moteur, avec l'arrivée d'autorails et de quelques locomotives Diesel, n'a pas permis de le sauver. Deux portions ont été sauvegardées et sont exploitées comme chemins de fer touristiques. (France)*

▼ *Afin de garder tout le pittoresque d'une exploitation, certains réseaux privés n'hésitent pas à maintenir en pression des locomotives à vapeur. C'est le cas de la ligne de l'Achensee, au Tyrol, qui fait circuler des trains aux beaux jours. (Autriche)*

Une longue période de déclin commence

Peu à peu, la réduction du nombre des cheminots actifs vient de commencer. En une quinzaine d'années,

◀ *Un train local photographié au début des années 1950 dans le nord du pays, assuré en traction vapeur, vient de donner correspondance au bateau. (Allemagne)*

de grands réseaux vont disparaître, victimes de cette erreur de jugement et surtout du manque d'objectivité. Pourtant, certains de ceux-ci desservaient des régions au tourisme naissant et prometteur. C'est le cas du Salzkammergut, en Autriche, qui se défait rapidement (en 1958) d'un groupe de lignes, ou bien des chemins de fer du Vivarais, en France, dix ans plus tard, avec le démantèlement d'un important réseau à voie métrique. La liste des petites lignes fermées aux services voyageurs est longue ; l'Allemagne, la Grande-Bretagne et l'Italie suivent la même voie. Dès lors, le service maintenu – peu attractif et souvent limité au strict minimum – détourne les derniers voyageurs qui ne peuvent joindre leur lieu de travail qu'au prix d'une longue attente entre deux trains, et le plus souvent d'un changement. Quant aux transports scolaires, subventionnés et de ce fait à faible rendement financier

▼ *Construit au début des années 1950, cet autorail une fois réformé du service actif a échappé à la casse. Il a été racheté par le chemin de fer touristique du Keighley & Worth Valley Railway, depuis. (Grande-Bretagne)*

▲ *En 1953, dernière rencontre entre l'ancien et le nouveau matériel des chemins de fer du Jura. La vapeur cède la place à l'électricité. (Suisse)*

pour les compagnies, ils ne sont pas épargnés. Dans ce domaine également, les matériels vétustes dédiés à ces services laissent la place à des norias d'autocars. Mais en ces temps-là, où la notion même de service public est bien mal en point ou totalement ignorée, la qualité de vie et l'aménagement du territoire sont encore des

▲ *Autre exemple d'une modernisation ratée. L'important réseau à voie étroite du Salzkammergut avait besoin de matériels neufs pour assurer ses prestations dans de bonnes conditions. L'importance des investissements a tout simplement entraîné sa fermeture complète en 1958. Aujourd'hui, sur place on regrette ce réseau qui aurait pu participer au développement touristique. (Autriche)*

intentions mal définies et peu suivies d'effets concrets dans de nombreux pays européens. Paradoxalement, c'est au cours des trente années de 1945 à 1975 – en France on les a appelées les Trente Glorieuses –, avec l'important renouvellement des matériels, les modernisations des installations et les progrès du confort, que l'on a assisté à un démantèlement massif de services ferroviaires. Il est vrai que l'électrification des lignes, image de modernité, engloutit d'importants moyens financiers. Pourtant, divers experts ont, par voie de presse ou de colloques, commencé à défendre l'idée qu'un chemin de fer moderne passe par toute une série de mesures destinées au bien-être, au confort et à la sécurité de tous les voyageurs, et pas seulement de certains privilégiés. La notion de « démocratisation » du voyage en train reprend vigueur et quelques idées voient un début d'application, avec notamment un « marketing » renforcé par une publicité autour des chemins de fer plus accrocheuse, et surtout par le lancement de formules tarifaires. Une timide reconquête du transport des marchandises par le rail s'amorce, face à la prolifération des convois de camions sur les routes.

Les prémices d'un renouveau attendu

La tâche n'est pas aisée, mais le succès de la formule TEE en service international puis national conduit les responsables européens à revoir la question. Les trains de nuit, un temps en perte de vitesse, sont aussi concernés par une relance de l'offre et une meilleure gestion des parcs avec la création d'un pool en 1971. La gestation est longue et ne débouche qu'en 1987 avec le réseau EuroCity, une version ouverte aux deux classes du système TEE. Dans plusieurs pays, les pouvoirs publics commencent à admettre que le rail n'est plus synonyme de passé. En Asie, le Japon a ouvert, en 1964, la voie de la grande vitesse et de la reconquête ferroviaire. Cette grande vitesse, facteur d'importance du renouveau, a gagné le continent européen, et certains TEE (le *Capitole* par exemple) circulent en France à 200 km/h, démontrant avec éclat l'efficacité du rail en service rapide intervilles.

Cependant, l'augmentation de la vitesse des trains est souvent freinée par le tracé des grandes lignes ou la vétusté des installations de signalisation. Mises à part quelques rectifications mineures, ce tracé est resté proche de celui de sa création cent ou cent vingt années auparavant. Alors que les pouvoirs publics rechignent de plus en plus à combler les déficits de leurs chemins de fer, ceux-ci ont grand besoin de se défaire de cette image peu valorisante de trains de grandes lignes se traînant à 120 ou 140 km/h. Mais comment faire autrement sans investissements suffisants ? Lentement mais sûrement les mentalités évoluent, ce qui conduit un grand nombre de pays à réfléchir pour donner enfin la priorité à une politique globale de relance des services ferroviaires. Sans cette prise de conscience, les trains n'auraient pas connu le XXIe siècle. Louis Armand, qui fut l'un des directeurs de la SNCF, a dit un jour : « *S'il survit au XXe siècle, le chemin de fer sera le moyen de transport du XXIe siècle* »…

La notion de patrimoine ferroviaire

Le démantèlement à grande échelle de lignes secondaires va relancer une notion endormie depuis longtemps : le patrimoine ferroviaire. Alors que les musées sont rares dans le monde entier, la disparition de lignes comme d'un grand nombre de locomotives, d'autorails et de voitures, intéressants sur le plan historique, réveille un intérêt certain pour la préservation à titre muséographique. Généralement, de petits groupes d'amateurs se constituent en association et tentent, souvent avec de faibles moyens, d'acquérir des matériels voués à la casse.

Au début des années 1970, les premiers « chemins de fer touristiques » sont inaugurés. Souvent, seule une portion de ligne a été sauvée du démontage, et son matériel remis en état reprend du service, mais ne fonctionne plus que pendant les beaux jours et généralement les samedis, dimanches et jours de fêtes. Les fermetures se multipliant, la liste des chemins de fer touristiques s'allonge d'une manière impressionnante, en Europe mais également aux USA et au Canada. Devenus partenaires efficaces des économies locales, ces chemins de fer, exploités dans la plupart des cas par des bénévoles, ont un caractère ludique et surtout historique. Chaque franc gagné est aussitôt réinvesti dans la rénovation d'un matériel garé en attente de modernisation. Ils sont donc avant tout un témoignage vivant d'un patrimoine architectural et technique (ponts, gares, etc.) qui rend un vibrant hommage à tous ceux qui ont contribué à sa construction.

▲ *La SNCB a reçu à partir de 1952 une série de 20 autorails série 554. Destinés essentiellement à circuler sur lignes secondaires, ces engins rebaptisés série 4601 à 4620 ont permis la réforme d'anciennes locomotives à vapeur. La photo montre le 554.06 en gare d'Ath en 1964. (Belgique)*

▼ *La série 23 de la DB fait partie des dernières construites en Allemagne à partir de 1953. Aptes à tous les services, les 105 machines série 23 vont remplacer d'autres machines plus anciennes. Elles devront céder la place au début des années 1980. Plusieurs d'entre elles, dont la 23.058 sur la photo, ont été préservées et maintenues actives pour figurer lors de commémorations. (Allemagne)*

Le chant du cygne de la vapeur

1951-1975 : Investir pour progresser

Alors que divers ingénieurs pensent qu'il est toujours possible d'améliorer le rendement d'une locomotive à vapeur, ce mode de traction va vivre au cours de cette période son véritable « chant du cygne ». Seules quelques ultimes réalisations entretiennent l'illusion. Les jours de la vapeur sont comptés.

Lors du choc pétrolier de 1973, une étude sur la faisabilité (non officielle, précisons-le) du « retour » de la traction vapeur sous une forme très différente est rendue publique. En vain, car la traction électrique trouve des alliés en plus grand nombre à une époque où les problèmes de pollution n'ont pas encore été évoqués.

La vapeur n'a plus d'avenir

Toutes les études ayant été quasiment interrompues pendant le conflit, le parc des locomotives à vapeur est issu de techniques anciennes. Pour pallier rapidement le manque de locomotives, les USA apportent la solution. Mais les nouvelles locomotives se font attendre.

▶ *Les chemins de fer fédéraux, ÖBB, ont pris livraison d'automotrices Diesel série VT 5145, à partir de 1952. Destiné principalement aux liaisons rapides intervilles, ce matériel a vite été appelé Blauer Blitz (l'éclair bleu). Rénové et quelque peu modernisé, il a achevé sa carrière sur des trains régionaux. La photo montre l'une de ces rames, au début des années 1960 en gare d'Unzmarkt, assurant la correspondance avec un train à voie étroite vers Mauterndorf. (Autriche)*

▲ *Même si la traction vapeur est encore bien présente en 1959, sa fin est programmée. Mais il faudra attendre 1975 pour que sa disparition des voies de la SNCF soit effective. Ici une 141 TA au dépôt de Limoges. (France)*

La Deutsche Bundesbahn (DB), en Allemagne de l'Ouest, est prête à se doter de locomotives neuves au coût de construction relativement faible, de moindre entretien, ne consommant qu'un minimum de charbon et disposant d'une cabine de conduite fonctionnelle. Alors que la traction Diesel est encore plutôt hésitante à la DB, celle-ci met en service, à partir de 1953, une série de 105 machines série 23, bientôt suivies par d'autres séries mais en nombre plus limité (séries 10, 65 et 82). C'est dire que la compagnie allemande croit encore à ce mode de traction, surtout parce que le pays peut lui fournir le combustible attendu. Réussies, ces machines d'allure moderne restent en service presque trente ans. La dernière construite, la 23.105, et plusieurs autres unités ont été sauvées par des associations et circulent à titre touristique.

L'Espagne, où la traction Diesel n'est pas encore au point, cherche à se doter elle aussi de machines neuves. La compagnie nationale, la RENFE, fait construire une petite série de 10 locomotives série 242. Ces impressionnantes locomotives sont les dernières unités à vapeur construites en Europe, à une époque où la page est presque tout à fait tournée vers le diesel en plein essor, et la traction électrique considérée comme celle de l'avenir dans de nombreux pays. Livrées à partir de 1956 par l'industrie nationale, les 242-2001 à 2010 vont connaître une carrière éphémère qui leur vaut tout de même l'honneur de remorquer le Sud Express entre Madrid et Irun. L'une d'entre elles a été préservée à titre historique et circule de temps à autre.

▶ *Les dix impressionnantes 242, série 2001 à 2010, sont parmi les dernières locomotives à vapeur construites en Europe, à partir de 1956. Les raisons d'un choix tardif pour la vapeur s'expliquent par une traction Diesel encore à l'état embryonnaire et une électrification des lignes jugée trop coûteuse. L'une d'elles a été préservée en état de marche pour des commémorations. (Espagne)*

▲ *L'abandon ou le retrait du service de certaines séries de locomotives à vapeur ont donné lieu à diverses manifestations publiques toujours très prisées des amateurs comme du grand public. Ici, la 043.196-5 assure l'une des ultimes prestations en service régulier de ce mode de traction, en 1977. (Allemagne)*

L'Europe de l'Est, le « paradis » de la vapeur

La RDA, pays issu de la partition en deux États des restes de l'ancienne Allemagne, où le charbon est suffisant pour ses besoins ferroviaires, croit encore à la locomotive à vapeur. La compagnie étatique, la Deutsche Reichsbahn (DR), confie à l'industrie

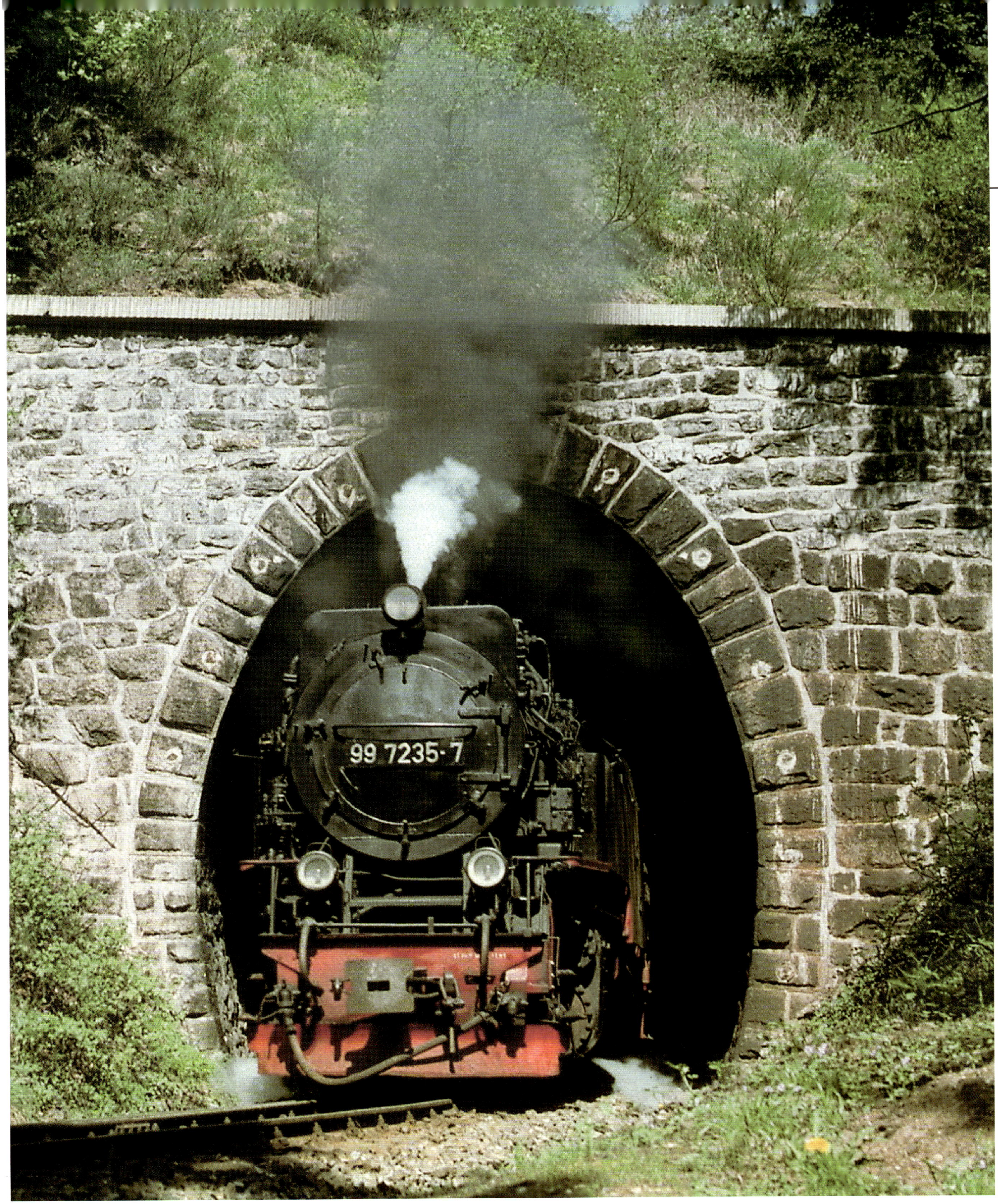
99 7235-7

◀ *Parmi les machines neuves des années 1950 figure cette 151 en voie métrique. Destinée au réseau du Harz, la série a été conçue par la DR et construite à 17 exemplaires par l'usine « Karl Marx » de Babelsberg. Aujourd'hui, le réseau du Harz privatisé n'emploie plus ces machines qu'en service touristique. (Allemagne de l'Est)*

nationale un programme de locomotives tant en voie normale qu'en voie étroite. À cette époque et jusqu'à la réunification, la DR est le principal transporteur des marchandises et des voyageurs. Le territoire de la RDA est maillé d'un important réseau de lignes secondaires et les besoins en machines neuves sont élevés. Si, en voie normale, la vapeur a définitivement quitté le service actif, en voie étroite elle est restée une attraction un temps pourvoyeuse de devises bienvenues. Depuis la réunification, les machines à vapeur continuent d'assurer un service voyageurs en tête de « trains historiques ».

En Pologne, la situation des chemins de fer est loin d'être brillante. Un cruel manque de locomotives freine les exportations du charbon de Silésie (province rattachée à ce pays en 1922), qui est acheminé par fer vers les ports de la Baltique. Il devient nécessaire de construire des machines neuves pour cet important trafic. Des locomotives type 150 série Ty 51 sont livrées à la compagnie nationale PKP à partir de 1953, à raison de 232 unités. Elles viennent ainsi renforcer d'unités neuves le parc moteur déjà partiellement rajeuni avec l'arrivée des Ty 45 en 1946 et des Pt 47 l'année suivante. Alors que l'on pense cet épisode clos à jamais, les PKP reçoivent en 1957 les dernières des 199 locomotives tender TKT 48 qui ont été mises en service à partir de 1950. Employées principalement sur des relations voyageurs ou dans la banlieue de grandes villes, ces machines d'allure très moderne vont s'effacer devant les progrès de l'électrification. La Tchécoslovaquie passe également commande de machines neuves car l'utilisation des unités d'origine austro-hongroise devient préjudiciable à la bonne marche des trains. Le renfort est livré entre 1951 et 1955.

Ailleurs, l'URSS, qui demande un effort particulier à ses chemins de fer, accueille à partir de 1953 une nouvelle série de locomotives à vapeur, les P36. Construite à 250 exemplaires, ce qui fait d'elle la série la plus importante au monde pour ce type d'après-guerre, la P36 est une machine de configuration 242, du plus pur style… américain ! L'électrification poussée

▲ *Les pays de l'Europe de l'Est ont longtemps continué à employer la traction vapeur, souvent faute de mieux. En voie de 760 mm, cette locomotive a marqué l'arrêt pour s'approvisionner en eau. (Bulgarie)*

◀ *À la fin des années 1960, un train à vapeur quitte la ville de Bad Doberan à destination de Kühlungsborn. Cette ligne, l'une des rares à l'écartement de 900 mm, a maintes fois été menacée de suppression. Elle a survécu grâce à son important trafic balnéaire. Le pittoresque de la ligne a été sauvegardé et les locomotives à vapeur datant de 1932 circulent encore de nos jours. (Allemagne de l'Est)*

85

▲ *Retirées du service actif, certaines machines à vapeur échappent à la mise à la ferraille. Divers pays, dont la Grande-Bretagne, entretiennent un parc historique souvent sollicité, notamment par les associations d'amateurs. On voit ici l'une de ces sorties, dans les années 1970, avec un train spécial tracté par la Class A1 Sir Nigel Gresley. (Grande-Bretagne)*

du réseau soviétique, pour laisser passer de lourds convois marchandises, met fin à la carrière de ces machines durant les années 1980.

Derniers panaches en Afrique

Sur le continent africain, l'Afrique du Sud, qui recourt à la traction Diesel et à l'électricité depuis de nombreuses années déjà, opte pourtant pour un renfort en traction vapeur. La compagnie nationale SAR prend possession, à partir de 1953, de 90 locomotives série 25. Cette série, issue d'une machine série 20 produite en Allemagne, est avant tout destinée à circuler sur les 1 530 km de ligne séparant Le Cap de Johannesburg, une ligne difficile traversant des régions arides et isolées. Construites en Grande-Bretagne, elles sont munies d'un tender spécial qui permet d'économiser 90 % de l'eau et 10 % du charbon nécessaires pour circuler en ligne. Trois ans plus tard, les SAR mettent en service 35 machines du type Garratt, conçu par Herbert William Garratt en 1907. Ce procédé consiste à jumeler les appareils moteurs de deux locomotives légères réunies et supportant une grosse chaudière commune. Ce sont les dernières unités de ce type, mais aussi les plus longues et les plus lourdes locomotives jamais construites en voie étroite.

▼ *La série GMAM a été acquise en 1955 et livrée en un temps record par le constructeur Beyer-Peacok & Co. En raison de la sécheresse des régions qu'elles devaient traverser, ces locomotives sont dotées d'un wagon-citerne constituant une réserve d'eau supplémentaire. Elles étaient principalement destinées à la traction de trains de marchandises lourds, ce qui reste un exploit car les lignes sud-africaines sont à l'écartement étroit de 1,067 m. (Afrique du Sud)*

Sauvées de l'oubli

1951-1975 : Investir pour progresser

▲ Autrefois utilisée dans un complexe industriel, cette locomotive a été rachetée et rénovée par un chemin de fer touristique français.

D'abord timide, la tendance à la rénovation de machines historiques s'amplifie devant la demande croissante des différentes associations d'amis des chemins de fer. Une grande partie de ces machines préservées circule en tête de convois spéciaux mis en marche à diverses occasions, comme un anniversaire de ligne, mais aussi pour le compte du cinéma ou de la télévision. D'autres rejoignent les lignes musées des chemins de fer touristiques, où elles connaissent une seconde carrière en permettant aux voyageurs de se retrouver dans l'atmosphère des trains d'autrefois.

Suprême consécration pour un très grand nombre de locomotives, celles-ci sont enfin classées « monument historique » et sont placées sous protection quoi qu'il arrive.

Que de chemin il a fallu parcourir avant d'arriver à cette reconnaissance ! Un intérêt plus précoce aurait sans aucun doute permis de sauver au moins un élément de chaque série de locomotives, dont il ne reste plus aujourd'hui que des photographies jaunies. Dommage...

Comme pour l'automobile ou l'aviation, les matériels mis hors service sont généralement destinés à la ferraille. Quelques rares exemplaires, dignes d'intérêt sur le plan technique ou historique, gagnent les musées où ils sont exposés après remise en état extérieure. Cependant, dans les années 1970 le nombre de ces musées est limité et la notion de patrimoine ferroviaire n'a pas encore été reconnue. Aussi, dans la majorité des cas, des milliers de locomotives à vapeur disparaissent à jamais sous le chalumeau. Des amateurs commencent à s'inquiéter et tentent de faire comprendre le formidable intérêt de la préservation de diverses séries typiques. À force de persévérance face à des tracasseries administratives, et avec un courage exemplaire, quelques-uns d'entre eux réussissent à préserver plusieurs unités de la ferraille. C'est avec leurs propres deniers ou par souscription qu'ils parviennent à sauver de l'oubli de vénérables locomotives encore fort utiles aux services de la traction peu de temps auparavant. Souvent, ces machines ne sont plus que des épaves bien fatiguées. C'est presque par miracle que certaines d'entre elles reprennent du service après de minutieuses et coûteuses rénovations. Si la réparation d'une locomotive à vapeur peut paraître assez simple, il est utile de souligner que les usines de fabrication ont toutes disparu, rendant l'approvisionnement en pièces détachées très aléatoire. Celles-ci doivent être prélevées sur d'autres machines destinées à la casse, et en l'absence de pièces, certains acquéreurs n'hésitent pas à faire fabriquer les pièces manquantes.

▼ Le développement des chemins de fer touristiques en Europe a permis de sauver un grand nombre de locomotives jadis employées par des chemins de fer secondaires. Ici, un club allemand d'amateurs fait circuler l'une d'elles en tête de convois spéciaux.

1951-1975 : Investir pour progresser

Le diesel en force

Aux États-Unis, où la mise au point réussie du moteur Diesel appliqué au rail permet la réalisation d'un vaste programme de construction, ce mode de traction est enfin sur les rails. Les usines concernées vont remplir leur carnet de commandes de manière considérable.

Une statistique permet de mesurer l'ampleur du programme de substitution du diesel à la traction vapeur. Entre 1946 et 1958, le nombre de locomotives à vapeur américaines passe de 37 500 unités à 1 700. En lieu et place vont venir des milliers de locomotives Diesel, construites aux USA et au Canada. Les besoins sont énormes : locomotives de lignes, autorails et locotracteurs. Les industries nationales de divers pays vont obtenir d'importants marchés tant pour les besoins intérieurs que pour l'exportation.

L'autorail à la mode

Pour résoudre le problème des lignes secondaires sur lesquelles il faut rationaliser au maximum l'exploitation, l'autorail s'est révélé exemplaire. Il faut souligner que ce type d'engin trouve son origine aux USA et non pas en Europe. Dans les années 1930, ce ne sont pas moins de 1 100 autorails qui circulent sur les lignes américaines, tandis qu'en Europe les réalisations sont encore en nombre réduit.

▲ *Ambiance Diesel en gare de Londres-Paddington où une machine série 50, construite en 1967, côtoie une rame HST plus récente. (Grande-Bretagne)*

◀ *Les CFL ont reçu en 1955 un petit contingent de 4 locomotives du type CC, série 1601 à 1604. Affectées à la traction de trains de voyageurs sur les lignes non électrifiées du réseau, elles ont connu une carrière intense plus de 30 années durant. L'une d'elles, acquise par une association, est présentée dans un musée en Belgique à Treignes. (Luxembourg)*

▶ *Deux locomotives type SD45 de la compagnie Conrail acheminent un train de marchandises dans le New Jersey. Cette série a été produite aux USA en 1972. (États-Unis)*

En Allemagne de l'Ouest, la DB fait construire, à partir de 1952, près de 900 autocars sur rails, les Schienenbus, à un ou deux moteurs. Véritables sauveurs de lignes, menacées par une concurrence routière de plus en plus forte, ces autorails au confort quelque peu spartiate vont connaître un succès à l'export : Luxembourg, Espagne, Portugal, Yougoslavie et Autriche. Le réseau ferroviaire français est lui aussi demandeur d'autorails et sa Division d'études des autorails a mis au point une série « unifiée » qui comprend trois types : les X 3800, les X 2400 et les X 2800, soit au total 449 engins livrés en quelques années à partir de 1950. Mais la SNCF ne s'arrête pas en si bon chemin, et elle renforce son parc autorails à partir de 1963 avec l'arrivée des engins automoteurs doubles, séries X 4300 et 4500, fortes de près de 500 unités. La SNCF leur confie des relations express à moyen parcours ainsi que des services sur lignes secondaires. Les chemins de fer portugais, CP, doivent faire appel à l'industrie anglaise puis néerlandaise pour se doter d'autorails livrés en 1948 et en 1954 pour la voie large. D'autres éléments pour le réseau à voie métrique sont livrés par l'industrie suédoise en 1949.

▲ Dans les années 1960, la SNCF cherchait à se doter d'une nouvelle série d'automoteurs capables de reprendre des relations express à moyen parcours et d'assurer des trains omnibus sur lignes secondaires. L'importante série X 4300/4500, forte de près de 500 unités, a été mise en service à partir de 1963. (France)

▼ C'est à partir de 1953 que la série DE 2 des chemins de fer hollandais (NS) a été mise en service. Ces autorails à 2 éléments ont été livrés en bleu ce qui leur a valu leur nom : « anges bleus ». Modernisés, ils ont été repeints en jaune et bleu et ont même assuré un service germano-hollandais avec des navettes entre Aix-la-Chapelle et Heerlen. La photo montre l'un d'eux en direction des Pays-Bas. (Pays-Bas)

▲ Pour moderniser ses relations rapides intervilles, les DSB ont acquis en 1963 une série de 11 automotrices de 8 éléments. Construite en Allemagne, la série 460-470 était similaire à la série VT 601 de la DB. Lors du retrait de ce matériel, une partie des rames a été vendue à un réseau privé polonais pour une seconde carrière. (Danemark)

Aux Pays-Bas, en Italie, en Autriche, en Belgique, l'autorail se développe aussi rapidement. Les pays nordiques, Suède, Danemark (principalement des réseaux privés) et Norvège ont également recours à ce type d'engins en vogue. Sans nul doute, l'entrée de rames Diesel dans les services Trans Europ Express (TEE) reste l'un des événements les plus marquants de l'histoire de ce mode de traction. Des automoteurs hollando-suisses, allemands, italiens et français démarrent leur carrière sous les couleurs du groupement TEE.

Le diesel pour les grandes lignes

Si la demande en autorails est importante, celle des machines de ligne ne l'est pas moins. Le début des années 1950 est marqué par une impressionnante liste de locomotives neuves commandées en grande quantité. La SNCF, en France, se dote d'une BB série 63000, dont 1 706 unités sont livrées à partir de 1950. En Allemagne, pays où le diesel a été expérimenté dès les années 1930 pour des besoins militaires, la DB met en chantier plusieurs séries importantes : les V 200 à partir de 1953, et en 1958 la série V 100,

▲ *Afin de rationaliser l'exploitation de certaines relations à moyen parcours, la DB a reçu à partir de 1972 des automoteurs à trois éléments, série VT 614. Cet automoteur, dont 42 rames ont été construites, est composé de deux motrices encadrant une remorque. Sa souplesse d'utilisation lui a fait reprendre un grand nombre de relations express en appoint d'autres séries. (Allemagne)*

▲ *D'inspiration française et construite en France par Alsthom, la série Dr 13 des chemins de fer finlandais, VR, a permis à partir de 1963 de remplacer les locomotives à vapeur. Ces 52 machines ont été réalisées en voie large et rappellent par leur forme les CC 72000 de la SNCF. (Finlande)*

◀ *La BB 218 359-8 fait partie de la grande famille des machines série V 160 livrées à la DB à partir de 1964, à 797 exemplaires dans diverses versions. À leur début, elles ont même eu le privilège de remorquer des rames TEE, comme ici sur la photographie. (Allemagne)*

▲ *Livrées par l'industrie américaine (General Motors) entre 1959 et 1966, ces machines de type CC ont été baptisées* Kennedy *en raison de leur origine. On voit l'une d'elles en tête d'un train régional près de Zadar, aujourd'hui en Croatie. (Yougoslavie)*

dont 760 exemplaires rejoignent la DB. Celle-ci ouvre la voie à une autre grande famille, les V 160 dont la DB acquiert ultérieurement 797 unités. L'autre Allemagne, la RDA, a conseillé à sa compagnie nationale, la DR, de passer commande auprès des « pays frères ». L'URSS va donc fournir un contingent imposant de machines neuves non seulement à la RDA, mais aussi à la Tchécoslovaquie et à la Pologne.

Mais le phénomène de la poussée du diesel n'est pas qu'européen. En Chine, où pourtant le charbon est abondant, en Australie et en Nouvelle-Zélande et dans divers pays d'Amérique du Sud et d'Amérique centrale, une partie des machines à vapeur cède la place aux locomotives Diesel. Les pays ne disposant pas d'usines capables de produire des engins thermiques se tournent naturellement vers des constructeurs chevronnés, ce qui représente de juteux marchés au cours des années 1970. C'est le cas de l'industrie française qui fournit des locomotives à l'Irak, à la Syrie, au Maroc ou à la Finlande, mais aussi de l'Allemagne qui

▲ *Train Chaullay-Cuzco du FC Central arrivant au tiroir du 2ᵉ rebroussement après la gare de Cuzco. La locomotive Diesel en tête de la rame a été construite dans les années 1960 au Canada, par Montréal Locomotives Works. Les voitures sont de fabrication roumaine. (Pérou)*

◀ *Les BB 67000 ayant donné toute satisfaction à la SNCF, la série a connu un prolongement par l'exportation de plusieurs unités. Les chemins de fer irakiens, IRR, en ont commandé une série fabriquée par Alsthom Atlantique à La Rochelle. Ces locomotives ont été convoyées vers leur pays de destination par voie maritime. (Irak)*

▲ *Construite en Grande-Bretagne en 1966 par English Electric, la petite série de 5 machines type D est destinée à la remorque de trains de marchandises. Sur la photo, elle rencontre, à Belfast près de Christchurch, une locomotive industrielle. (Nouvelle-Zélande)*

exporte des engins en voie étroite vers la Thaïlande, et en voie large vers l'Espagne, ou en voie normale vers la Yougoslavie par exemple.

La traction Diesel s'installe

Un autre domaine revient prioritairement à la traction Diesel : le service des manœuvres dans les gares ou les triages. À cette époque, les trains de grandes lignes sont à compositions multiples. Dans certaines gares, il faut ajouter des voitures ou en retirer pour les placer dans d'autres rames. Là encore, il faut « rationaliser » cette opération. La locomotive à vapeur cède vite le pas à des engins spécifiques, les locotracteurs. Généralement de petite taille, leur souplesse d'utilisation ainsi que leur faible entretien courant les rendent vite indispensables dans de nombreux pays qui n'hésitent pas à en commander en grandes quantités. Sur le plan des marchandises, ces locotracteurs sont, de plus, capables de procéder au triage des wagons et d'assurer en ligne une desserte des gares marchandises ou des embranchements particuliers, c'est-à-dire des usines placées à proximité de la voie. Un grand nombre de ces firmes embranchées n'hésite pas à se procurer des locotracteurs neufs. Plus tard, ce sont des engins réformés par

▲ *La plus importante série de locomotives de manœuvre de la DB est représentée par la série V 60, renumérotée ultérieurement 260 puis 360. Avec plus de 1 000 unités livrées à partir de 1956, cette locomotive déclassée locotracteur a progressivement été équipée de la télécommande pour rationaliser le travail et permettre la présence d'un seul agent lors de la manœuvre. Celles pourvues de cette technique sont dans la série 364/365. En gare de Sarrebruck, sur la photo, l'une d'elles tracte une rame de voyageurs vide. (Allemagne)*

les compagnies qui retrouvent du travail sur les lignes embranchées.

Cependant, à l'issue de cette intense période de développement, le diesel stagne. Le choc pétrolier de 1973 a sans doute laissé des traces dans les mémoires, mais surtout ses performances très moyennes n'encouragent plus la recherche d'améliorations. Le problème de la relève se pose dans de nombreux pays, et plusieurs projets existent en ce sens.

▲ *Dans les années 1960, la demande en machines de manœuvre étant d'actualité, la SNCF a fait construire 210 locotracteurs série Y 7100. Ceux-ci ont été livrés en 1961 et 1962. La photographie montre l'un d'eux, modernisé et revêtu de la livrée actuelle, au dépôt de Tours-Saint-Pierre et tractant une locomotive en révision. (France)*

▼ *La SNCF s'est dotée à partir de 1955 d'une série de 35 machines du type CC, construites en France mais d'inspiration américaine. Elles ont longtemps été surnommées Dakota par les cheminots français. Cinq d'entre elles ont été photographiées au dépôt de la Plaine, près de Paris. Aujourd'hui, les survivantes de la série sont employées pour la remorque de trains de travaux lors de la construction de lignes nouvelles. (France)*

UTILES À LA MANŒUVRE

Pour effectuer des manœuvres dans les gares ou dans les triages, les compagnies ferroviaires disposent d'engins spécifiques en traction Diesel. Ceux-ci, qui ont pris la relève des locomotives à vapeur dans les années 1960, ont connu un développement important. Dans certains pays, où la traction électrique est très répandue – comme en Suisse par exemple –, les engins à moteur thermique sont épaulés par des locomotives de manœuvre à traction électrique.

Généralement, les locomotives de manœuvre sont de petite taille. C'est pourquoi on les appelle aussi locotracteurs ou locomoteurs. Ils officient pour la remorque de rames de voyageurs vides ou à la pousse de wagons dans les triages marchandises. Cependant, la recherche d'une rationalisation accentuée des moyens de traction a conduit plusieurs compagnies européennes à se doter d'engins à la taille plus conséquente et capables d'assurer d'autres tâches. Ainsi, les locotracteurs ou locomoteurs sont-ils aujourd'hui capables de tracter de courtes rames de wagons sur des antennes locales ou pour la desserte de complexes industriels. Dans certains cas, des machines de manœuvre sont même aptes à la traction de trains régionaux sur de faibles distances, comme en Autriche.

C'est l'une des résultantes d'une rationalisation poussée des chemins de fer, qui préconise l'abandon de la spécialisation du matériel moteur. Les locomotives actuelles sont polyvalentes, restreignant ainsi considérablement le champ d'action des machines de manœuvre. À terme, dans les dix ans à venir, l'utilisation de cette famille d'engins deviendra tout à fait marginale et se cantonnera à diverses exploitations industrielles (usines ou entrepôts).

▲ *Ce locotracteur italien assure le garage des rames voyageurs vides. C'est encore la traction Diesel qui prédomine dans ce secteur d'activité.*

◄ *Pour une meilleure vision par les agents de maintenance des voies, certaines locomotives de manœuvre ont reçu une livrée spécifique, comme le montre cette locomotive hongroise.*

1951-1975 : Investir pour progresser

1951-1975 : Investir pour progresser

L'électricité synonyme d'avenir

Techniquement, la locomotive électrique distance totalement ses deux concurrentes utilisant la vapeur et le diesel. Plus performante, capable de tracter des trains plus lourds plus rapidement, elle offre bien des avantages à ses exploitants.

Avec une souplesse de maniement (un seul conducteur), une facilité d'entretien et une utilisation plus intensive, la locomotive électrique devient un outil d'avenir. Cependant, les lignes électrifiées du début des années 1950 ont été héritées de la période d'avant-guerre et ne représentent encore qu'un faible pourcentage du réseau.

Un besoin impérieux de machines neuves

La tendance à se défaire du charbon se généralise ; seuls les moyens financiers, très importants, font défaut pour l'acquisition de machines neuves.

▶ *Les CC série 276 de la RENFE sont les cousines ibériques des CC 7100 de la SNCF, mais à voie large. Les 136 machines, mises en service progressivement à partir de 1952, ont franchi allègrement les 40 années de service. Les ultimes unités encore en état continuent de tracter des convois de marchandises. (Espagne)*

▲ *Le parc électrique ne comptant qu'un peu moins de 200 unités, les ÖBB optent pour un renfort avec la mise en service, en 1955, de 20 machines CC 1010 et de 30, série CC 1110. Ces dernières, destinées aux lignes de montagne de l'Arlberg ou des Tauern, sont équipées du frein rhéostatique. L'une d'elles, assurant un train Munich-Innsbruck, marque l'arrêt en gare de Seefeld. (Autriche)*

▲ *Construites dans les années 1930, les machines série 2D2 5500 de la SNCF étaient encore indispensables dans les années 1970. Elles assuraient aussi bien la remorque de trains express que celle de convois de messageries. (France)*

Pourtant, en France, en Allemagne ou en Italie, les compagnies en auraient bien besoin. Elles doivent patienter plusieurs années durant avant de pouvoir enfin renouveler leur parc électrique. Dans ce secteur aussi, les besoins sont énormes. Les machines de lignes, destinées avant tout à la traction de trains express ou rapides, commencent à vieillir et deviennent de plus en plus coûteuses en entretien. Les décisions d'accroître la proportion des lignes électrifiées dans la plupart des pays européens offrent une nouvelle chance à ce mode de traction. Dans un premier temps, les compagnies ferroviaires doivent se contenter de machines dont la technique est ancienne (série 2D2 9100 SNCF), mais bientôt les constructeurs planchent sur des machines qui ont techniquement évolué. L'idée première consiste à construire des locomotives capables de remorquer tous types de trains. Mais les vitesses des trains de voyageurs augmentent, il devient nécessaire de se doter de locomotives de vitesse.

Apparition des machines « universelles »

Dans les années 1970, on assiste donc à l'éclosion de machines « lentes » pour les marchandises et de machines « rapides » pour les trains de voyageurs. Bien plus tard, on abandonne cette théorie pour choisir celle prônant des machines « universelles », c'est-à-dire utilisables indifféremment sur des trains de marchandises, des trains express régionaux ou encore des rapides nationaux. Les relations TEE, dont le succès va croissant, sont quasiment exploitées en traction électrique, les diverses administrations parties prenantes n'ayant pas hésité à faire construire des voitures spécifiques à ce service. Là encore, les industries ferroviaires

▲ *La traction électrique ayant été développée dans le pays, la plupart des relations intervilles ont été confiées à des automotrices. De 1961 à 1965, les NS ont mis en service plusieurs séries de conception analogue. L'une de ces unités est vue en gare d'Amsterdam CS. (Pays-Bas)*

▲ *La série BB 25200 est composée de machines bicourant. Livrée à 46 unités en 1965-1966, elle a eu l'honneur de tracter des trains TEE, comme ici le Mistral au départ de Nice. (France)*

◄ *Côte à côte en gare de Bruxelles-Midi, une série 25 et une 25.5. La première nommée est destinée aux relations intérieures tandis que la seconde est plus spécifiquement destinée aux trains Bruxelles-Amsterdam. Elle est équipée pour circuler sous courant hollandais. Ces machines ont toutes été livrées en 1960-1961. (Belgique)*

▲ Cette locomotive électrique série 32, de type CC, a un air quelque peu américain, bien qu'ayant été construite en Espagne dans les années 1960. Elle tracte ici un express Santiago-Talca. (Chili)

anglaise, allemande, italienne ou française sont mises à contribution pour livrer des locomotives au Maroc, à l'URSS, à l'Espagne, à la Turquie et au Chili. L'industrie américaine, pourtant bien placée dans le domaine du diesel, commence à produire des machines électriques pour des réseaux nord-américains et pour l'exportation.

Curieusement, si l'Europe ferroviaire considère la traction électrique comme symbole de l'avenir, aux USA la multitude de compagnies privées, désormais axées sur le seul transport des marchandises, a opté depuis un certain temps pour le diesel. Pis même, le coût des installations étant jugé exorbitant, plusieurs compagnies décident alors de reconvertir des lignes électriques au diesel, en démontant les installations et en envoyant les locomotives à la casse !

Un mode de traction coûteux

Ailleurs dans le monde, le coût élevé des trains à traction électrique a pour longtemps fait s'évanouir les rêves de modernisation. L'Afrique du Sud est un cas à part. L'électrification des lignes des SAR a été entamée dès 1925, ce qui n'a pas empêché le pays de rester l'un des tout derniers bastions de la traction vapeur. Cet État est obligé de continuer à utiliser du charbon, quitte à le brûler dans des centrales thermiques et à produire ainsi de l'électricité. Cette ingénieuse méthode va permettre de relancer les électrifications de lignes et de commander du matériel neuf. Plus de 650 locomotives neuves sont introduites à partir de 1955, qui vont côtoyer des machines à vapeur tout aussi récentes. Une mention particulière concerne l'Inde. Une action menée sous l'égide du groupement

▶ Ayant entamé l'électrification de ses lignes dès 1925, l'Afrique du Sud a renforcé son parc de traction électrique à partir de 1955, puis en 1969 avec ces machines, série 6E, de conception suisse. (Afrique du Sud)

LOUIS ARMAND

1951-1975 : Investir pour progresser

Cet ancien élève de l'École polytechnique et ingénieur des Mines est né en Haute-Savoie en 1905. Il se fait connaître comme l'un des spécialistes de la thermochimie et acquiert une très grande réputation, notamment avec son étude sur la solubilité des sels de chaux dans les eaux minérales chaudes du Massif central.

Sa carrière ferroviaire débute en 1933 lorsqu'il entre à la Compagnie du PLM. Pour le compte de celle-ci, il met au point une technique appelée TIA (Traitement intégral Armand). Elle permet d'éliminer toute incrustation de sels minéraux dans les chaudières des locomotives à vapeur, réduisant ainsi tout risque d'incident grave sur les chaudières. C'est une innovation d'importance, car le PLM utilisait des eaux fortes en calcaire provoquant souvent des obstructions.

Louis Armand, qui est aussi l'un des principaux responsables du mouvement « Résistance Fer », donne après 1945 l'impulsion nécessaire à l'électrification par courant alternatif monophasé 50 Hz de plusieurs lignes. Il préconise l'utilisation intensive de ce type de courant à une époque où les chemins de fer français connaissent des difficultés économiques importantes, et d'approvisionnement en énergie (charbon).

En 1947, il est nommé directeur général de la SNCF, après avoir mis en chantier la restructuration des études à l'École polytechnique. Quelques années plus tard, il accepte à la demande du Général de Gaulle de diriger une mission à l'Eurotam, pour le développement de l'industrie nucléaire européenne.

Membre de l'Académie française, Louis Armand s'est éteint en 1972.

▶ *L'artère Valenciennes-Thionville a été électrifiée grâce à l'impulsion de Louis Armand. Une quarantaine d'années durant, les locomotives CC 14 100 de la SNCF en seront des serviteurs fidèles.*

▲ *La vogue de l'automotrice a aussi conquis les chemins de fer norvégiens (NSB) qui ont fait construire diverses sortes de rames. Parmi celles-ci figure la série BM 69B apparue en 1974. La dernière de la série de 35 unités est vue en gare de Flåm, un haut-lieu touristique. (Norvège)*

d'études et d'électrification des chemins de fer en monophasé 50 Hz – une association de promotion industrielle – permet aux chemins de fer indiens de se procurer, en 1957, une petite série de locomotives dérivées d'une machine française. Par la suite, le pays poursuit l'électrification de son important réseau en modernisant les lignes de banlieue de Calcutta et de Bombay.

La modernisation des trains de banlieue

L'intensification du nombre des trains de banlieue entraîne une forte demande en automotrices spécialement conçues pour ces services. Dans de nombreux pays européens, la solution avec une locomotive et quelques voitures n'est plus rationnelle. L'automotrice, plus souple à exploiter, va connaître un essor sans précédent en Italie, France, Allemagne, Belgique et Suisse. Cette démarche prépare un avenir qui se matérialise par l'introduction de réseaux express régionaux. Les capitales, comme les grandes métropoles, se dotent de cet

▲ *La traction Diesel étant quasiment absente en Suisse, les manœuvres sont assurées par des tracteurs électriques, comme ici en gare de Lausanne avec un Ee 3/3 datant des années 1950 et modernisé. (Suisse)*

▶ *Le tonnage des trains de marchandises via la ligne du Gothard s'accroissant régulièrement, les CFF décident de se doter d'une puissante machine. C'est la série Ae 6/6, une locomotive du type CC, qui est commandée à la firme suisse SLM. Livrées à partir de 1954 à 120 unités, les Ae 6/6 vont s'acquitter avec efficacité de leur tâche, relevées un peu plus tard par d'autres séries. Aujourd'hui elles circulent un peu partout sur le territoire. L'une d'elles assure un train régional pour la compagnie Südostbahn. (Suisse)*

L'électrification en France

Les années 1950 sont marquées par d'importantes électrifications.
La première concerne l'axe Paris-Lyon. Prévue depuis l'avant-guerre, remise à plus tard pour des raisons financières par le PLM, réétudiée par la SNCF, reportée par la guerre, l'électrification devient une réalité en 1952. À cette époque, la ligne « impériale » voit passer le trafic le plus lourd et l'un des plus denses de la planète.
Deux années s'écoulent, puis c'est au tour de Valenciennes-Thionville d'être dotée de la caténaire.
Louis Armand, qui dirige la SNCF en 1951, a décidé d'électrifier cette ligne en monophasé 25 000 volts/50 Hz, au lieu du 1 500 volts des autres lignes. C'est la grande affaire de Louis Armand qui démontre le bien-fondé de cette solution, ses performances, sa validité et son avenir.
Le monophasé à fréquence industrielle sera retenu non seulement en France, mais également dans divers pays d'Europe et du monde. L'événement ferroviaire de 1958 est l'électrification de Paris-Lille.
Le 30 juillet, juste un siècle après l'arrivée du premier train à Lille, le premier train électrique fait son entrée en gare. C'est à la fin de l'année que la ligne est intégralement ouverte à la traction électrique (en monophasé 25 000 volts) entre les deux zones démographiques les plus importantes de France.

outil en ayant recours à un nombre important d'automotrices neuves, confortables, rapides et économiques en exploitation. Fini le temps du réemploi d'engins fatigués par un dur labeur quotidien.
Cependant, l'utilisation de l'électricité dans le secteur des manœuvres en gares ou dans les triages est beaucoup plus marginale. C'est surtout en Suisse, pays où les chemins de fer sont tous en traction électrique, que l'on trouve un grand nombre de machines de manœuvre électriques. Ailleurs, leur emploi est restreint, sauf en Autriche qui les réutilise pour la traction de trains légers de marchandises.

▲ *Apparues à partir de 1956 dans leur version de série, les E 10 (puis 110) du type BB ont été livrées en 379 exemplaires. Faisant partie de la famille des locomotives unifiées, cette série a répondu à l'attente de la DB. Mais sa vitesse limite de 150 km/h va bientôt lui enlever toutes les prestations de prestige, la cantonnant à la traction de trains express ou régionaux. L'une d'elles, encore bleue, est vue à Aix-la-Chapelle. (Allemagne)*

▼ *Le succès grandissant de la relation Bâle-Vienne a conduit les ÖBB à se doter d'un matériel confortable et de qualité. Les 29 rames ET 4010, mises en service à partir de 1965, ont donné du tonus non seulement à cette relation mais aussi à d'autres en service intérieur. Ici, un train Bregenz-Vienne marque l'arrêt à Landeck dans l'Arlberg. (Autriche)*

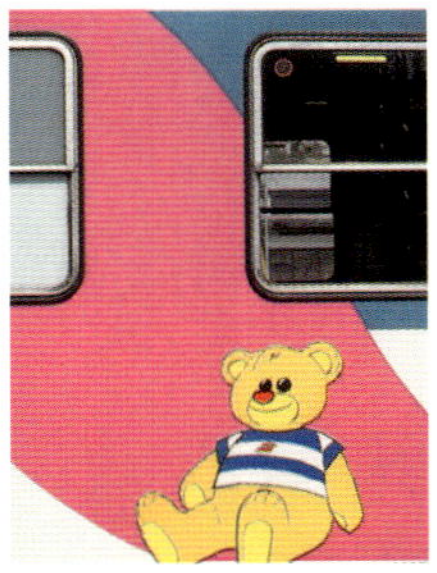

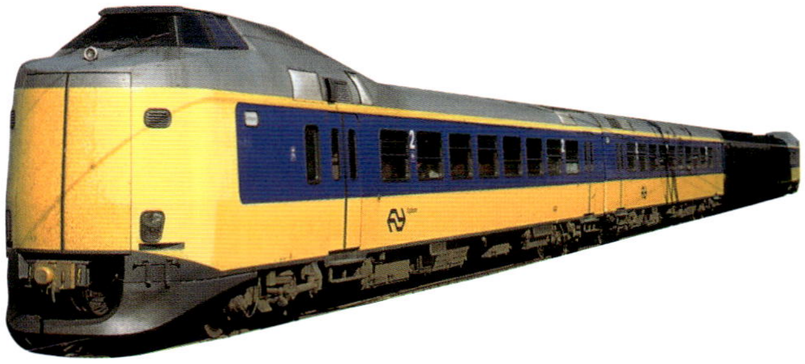

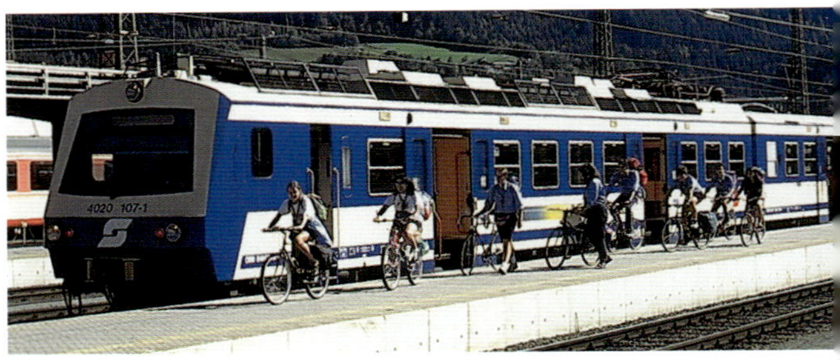

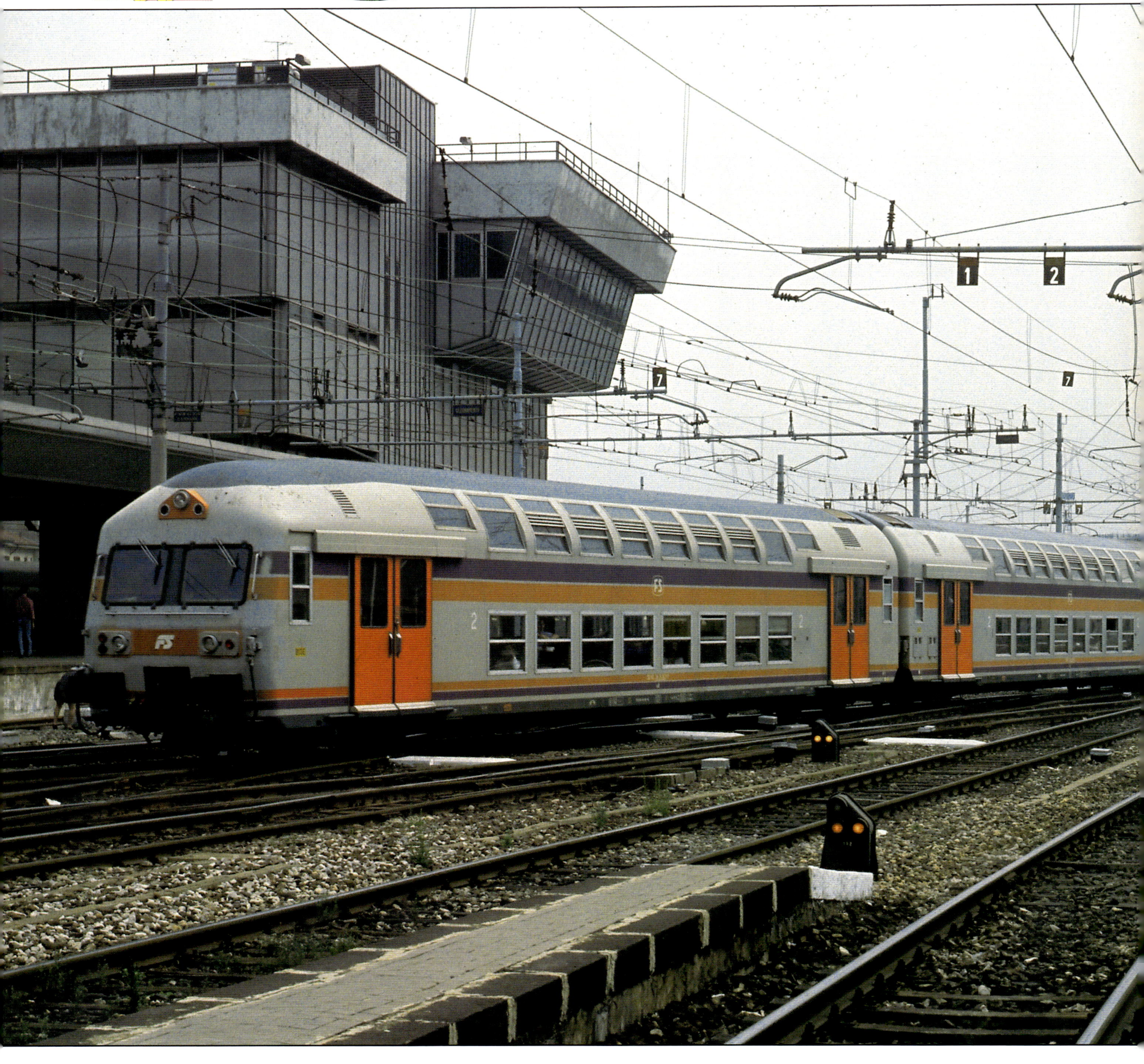

1976-1990

Le confort et la vitesse

L'immobilisme ambiant des compagnies de chemins de fer se répercute sur les statistiques. Il faut en convenir, les trains se vident au profit d'autres moyens de transport.

Alors que la situation commence à devenir préoccupante pour bon nombre d'entreprises, un timide réveil se fait jour. Les questions réelles sont enfin posées puis débattues et des solutions sont proposées. Il y a urgence car la survie même des chemins de fer reste aléatoire.

Croire au renouveau

1976-1990 : Le confort et la vitesse

Après une si longue période de déclin, ceux qui croient encore possible le renouveau du rail sont bien peu nombreux. Il est vrai que les notions de qualité de vie et de pollution, longtemps mises en sommeil, prises en compte de façon plus efficace auraient sans doute permis d'éviter bien des désillusions.

Des qualités intactes

Fondamentalement, le chemin de fer a gardé toutes ses qualités de transporteur tant pour les voyageurs que pour les marchandises. Les médias se sont bien fait l'écho de signes annonciateurs de chaos concernant les futurs encombrements des routes dus à la prolifération incontrôlée des automobiles dans les grandes villes, mais ces recommandations sont quasiment restées des intentions non suivies d'effets concrets. Les premières avancées sont cependant perceptibles pour les flux de trafic domicile-travail et retour, où souvent les conditions de transport sont déplorables. Certains réseaux emploient des voitures datant des années 1930, bruyantes et inconfortables. La mise en place progressive de réseaux aménagés, comme à Paris le réseau express régional (RER) ou les trains S-Bahn en Allemagne, est une première avancée dans ce domaine. Mais le retard pris ne se rattrape pas si vite.

▲ *Disposant de réserves suffisantes en charbon, la République démocratique allemande a employé ses moyens financiers dans d'autres secteurs. Longtemps, cette image d'un train de voyageurs remorqué par une locomotive à vapeur est restée courante. La réunification du pays a complètement modifié les conditions de transport avec une motorisation individuelle galopante. (Allemagne)*

C'est l'appui politique qui donne un nouvel élan pour inverser une tendance qui a eu la vie belle près de quarante années durant…

▶ *L'introduction en 1979 d'automotrices neuves, type MI 79, par la Régie autonome des transports parisiens (RATP) et la SNCF, a permis un développement du réseau express régional (RER) de la capitale. (France)*

▲ La survie de petites compagnies est passée par une modernisation radicale des moyens de transport. C'est le cas de la ligne Unzmarkt-Tamsweg qui a connu la mise en service d'autorails neufs performants et fiables. Leur arrivée a permis d'augmenter sensiblement le nombre des voyageurs quotidiens. (Autriche)

◄ En 1987, la Confédération helvétique s'est prononcée en faveur d'un vaste programme de modernisation de son réseau ferroviaire. Baptisé « Rail 2000 », cet ambitieux plan a été l'objet de diverses retouches dans le sens de la modération. Pour faire de la publicité à cette démarche, des locomotives ont porté des inscriptions pendant quelques mois. (Suisse)

Une tendance inversée

Au milieu des années 1970, des prises de position radicalement opposées ont pu être décelées, aussi soudaines qu'inattendues. Les premiers résultats des quelques mesures tentées avec circonspection sont des signes encourageants qui tendent à démontrer que

► Longtemps considéré comme impensable, le retour du tramway en France a été amorcé en 1987 avec Grenoble. Cette solution, destinée à améliorer les transports collectifs de la capitale dauphinoise, a été appréciée avec méfiance à ses débuts. Mais elle ouvre l'ère du renouveau du tramway dans ce pays. D'autres villes vont se laisser séduire (Nantes, Strasbourg, etc.). (France)

▲ Le réseau à voie métrique corse, longtemps en sommeil et privé d'investissements suffisants, a été revitalisé par l'arrivée d'autorails neufs en 1975. Le succès commercial a permis l'arrivée d'autres unités en 1981 et 1989. Corrélativement, la modernisation des infrastructures a fait totalement oublier l'image du sympathique tortillard d'autrefois. Aujourd'hui les chemins de fer de la Corse sont un élément vital du développement touristique de l'île. (France)

la reconquête de la clientèle passe par des idées simples. Les appliquer est déjà un début de solution pour un problème qui se pose en termes multiples. Ceci est valable non seulement sur le plan européen, mais gagne aussi les autres continents, où certaines métropoles connaissent un accroissement de leur population. Si l'amélioration du transport des voyageurs s'envisage avec timidité, les marchandises, autrefois sources de revenus importants, ont déserté le rail au profit des camions. Mais leur nombre grandissant sur les autoroutes et les grands axes entraîne des nuisances sonores, des pollutions multiples qui

▶ Les modernisations ne concernent pas que les parties visibles par la clientèle. Les installations de sécurité, avec en première position la signalisation, ont bénéficié d'investissements importants. Elles ont permis d'accroître la sécurité tout en simplifiant la tâche des personnels affectés à ce secteur. La photographie montre une installation de surveillance à distance d'une ligne principale de la DB. (Allemagne)

QUESTION DE VOCABULAIRE

1976-1990 : Le confort et la vitesse

Chaque domaine, qu'il soit technique ou scientifique, utilise un vocabulaire particulier. Le chemin de fer n'échappe pas à la règle surtout depuis la multiplication des sigles et marques commerciales d'aujourd'hui.

Ainsi, souvent dans le langage familier entend-on dire que l'on « monte dans le wagon ».

C'est incorrect, car selon la terminologie des chemins de fer, le mot « wagon » désigne un véhicule qui transporte des marchandises. Il est donc préférable d'utiliser le vocable « voiture » pour le transport des voyageurs, de plus en plus appelés passagers pour se rapprocher encore du transport aérien. Oui, mais voilà que de nombreuses années durant, une célèbre compagnie internationale a fait circuler des « wagons-lits » ou des « wagons-restaurants » vers les plus grands centres de villégiature d'Europe. Le luxe déployé dans ces voitures au confort incomparable était bien loin des conditions spartiates du voyage en wagon, un mode de déplacement fort apprécié d'un grand nombre d'Américains peu fortunés ou vagabonds.

Depuis un certain temps déjà, les TEE (Trans Europe Express) ont laissé la place aux TGV (France), aux ICE (Allemagne) ou encore, AVE (Espagne). Le renouveau du rail dans le monde s'accompagne d'une palette de sigles dont l'explication échappe souvent aux passagers. Mais si les temps ont changé, dans ce domaine également, quelle que soit la langue, les haut-parleurs des gares annoncent toujours « de bien vouloir monter en voiture, le train va partir ». La tradition est respectée, mais pour combien de temps encore ?

▲ *Le renouveau du rail s'est accompagné de la multiplication des sigles. Très vite en France, les trois lettres TGV ont été synonymes de la rapidité des trains.*

105

◄ *La question des transports collectifs a aussi gagné les États-Unis. Pour résoudre cet épineux problème, diverses villes ont opté pour le tramway, souvent employé comme métro léger. Ici, la photo montre une rame de la Green Line à Boston. (États-Unis)*

deviennent des arguments politiques pour plusieurs mouvements écologiques. La politique s'en mêle et, dans différents pays européens, la formule du « tout-camion » est déclarée proscrite. Dans les intentions surtout, car dans les faits le chemin de fer reste en concurrence, à son désavantage soulignons-le, par rapport à la route.

Pour étayer notre propos, qui pourrait être jugé partial, il faut préciser que tout transport par rail inclut le coût de l'infrastructure ferroviaire, alors que le transport par route n'intègre que modérément l'entretien du réseau routier, hors péages ou taxes à l'essieu bien sûr. La faiblesse des moyens accordés au rail commence à peser sérieusement sur le plan électoral. Cette prise de conscience politique donne de l'espoir aux compagnies ferroviaires en quasi-asphyxie sur le plan financier.

Les Américains redécouvrent le train

Aux États-Unis, où le trafic voyageurs s'est dégradé au fil des ans pour ne devenir qu'un secteur plus que marginal, les vertus du rail sont redécouvertes. La saturation prévisible à moyen terme d'un grand nombre d'aéroports entraîne la recherche d'autres méthodes. Après tout, il doit bien exister une clientèle dont la rapidité du voyage n'est pas le souci majeur. Créée en 1970, la compagnie nationale du transport des voyageurs américaine, Amtrak, a en quelques années démontré qu'une clientèle existe et qu'avec des investissements mesurés, le rail peut devenir une alternative au transport aérien. Alliée à une revitalisation des services de banlieue, la reconquête du rail aux États-Unis va même ouvrir la voie au tramway qui signe un retour prometteur.

► *C'est par une décision du Congrès américain qu'est née la compagnie Amtrak en 1970. Destinée au transport des voyageurs entre les principales villes du pays, elle a bénéficié de la livraison de matériels neufs permettant des relations de bonne qualité. Dans un pays où le transport des marchandises par le rail est des plus florissants, la compagnie a longtemps cherché sa voie. La progression du trafic voyageurs lui ouvre même des perspectives d'avenir, notamment dans le domaine de la grande vitesse. (États-Unis)*

Quand l'automobile œuvre pour le rail

1976-1990 : Le confort et la vitesse

L'histoire du rail est jalonnée de plusieurs retours en arrière. Rappelons que c'est l'industrie automobile (Renault, Bugatti, etc.) qui a grandement participé à l'évolution des techniques ferroviaires avec la mise au point des locomotives Diesel et des autorails.

L'un des plus marquants changements d'orientation se situe au moment où le devenir des chemins de fer est fortement menacé, c'est-à-dire à la fin des années 1970. La concurrence de la route a sérieusement malmené les services ferroviaires, et lorsque les trains de voyageurs disparaissent, ils sont généralement remplacés par des autocars. Sur le plan des marchandises, la situation est presque identique, le petit train de deux ou trois wagons est considéré comme trop coûteux et disparaît au profit de camions et de camionnettes.

L'écologie n'est encore qu'une vague notion, mais la motorisation individuelle poussée entraîne des saturations d'axes routiers qui ont pour conséquences visibles une pollution phonique et atmosphérique. Les opinions publiques commencent à s'en émouvoir. Considérée auparavant comme la panacée, l'automobile devient source d'inquiétude. Mieux, elle ouvre la voie à une relance des relations ferroviaires, notamment aux abords des grandes villes perturbées par les flots incessants des migrants domicile-travail le matin et en sens inverse le soir. Les abords des gares sont réaménagés pour accueillir les automobiles et inciter les conducteurs à monter dans les trains. L'arrivée de nouveaux matériels et des fréquences plus nombreuses vont dans le même sens.

Après bien des hésitations, les pouvoirs publics de plusieurs pays étudient des propositions à appliquer sur le plan national et se concertent pour redonner des moyens substantiels aux chemins de fer. Diverses mesures tarifaires et promotionnelles, notamment sur le plan des relations internationales, sont décidées.

Ainsi, la mise en place du réseau intervilles, appelé EuroCity, entre une centaine de métropoles européennes, redonne de la vigueur à des relations mal en point et fortement concurrencées par l'avion ou l'autocar. Il est vrai que l'accroissement des vitesses permises par d'importants travaux de lignes, alliée à une amélioration sensible du confort, redonnent de la confiance aux compagnies ferroviaires. L'image même d'un transport sur le déclin s'infléchit et une redécouverte du rail s'amorce. Les États-Unis, où le chemin de fer n'est plus qu'un transporteur de marchandises, voient même la création d'une compagnie unique de voyageurs, Amtrak.

D'une manière plus modeste, mais tout de même perceptible, le transport ferroviaire des marchandises connaît lui aussi un renouveau grâce à la mise en pratique de la technique du conteneur. Mais le chemin est encore long... Au cours de la décennie suivante, cependant, le mouvement va s'accélérer grâce aux trains à grande vitesse, véritables ambassadeurs d'un renouveau programmé.

▲ *La mise en service de trains EuroCity (EC) a rajeuni les relations internationales de jour. La SNCF et la DB mettent en marche sur leurs services des matériels récents et climatisés. La photographie montre un EC en provenance de Francfort assuré par du matériel Corail, au passage à Dormans entre Château-Thierry et Épernay. (France/Allemagne)*

▶ *Diverses mesures ont été mises au point pour inciter les clients potentiels à prendre le train, même sur de courtes distances. La politique favorisant le transport des bicyclettes participe à cette quête de nouveaux clients. (France)*

Le retour du confort

1976-1990 : Le confort et la vitesse

Si les lignes de banlieue se satisfont de matériels fatigués et mal adaptés, diverses grandes lignes et axes internationaux sont eux aussi exploités avec des matériels bien incompatibles avec la notion de modernisme.

Si la rapidité et la fréquence jouent un rôle primordial, les administrations ferroviaires se rendent compte que le confort est un facteur essentiel du voyage.

Pour un voyage plus confortable

Le confort n'est malheureusement pas toujours au rendez-vous. On doit souvent se contenter de voitures âgées de quarante à cinquante ans de service. Le parc dit « noble », destiné aux relations TEE, n'est pas suffisant alors que la demande en service international de jour comme de nuit se développe.

▲ *La construction de voitures « Grand Confort » par la SNCF répondait à une attente de la clientèle. D'abord employé sur des relations TEE, ce matériel a ensuite été introduit sur des relations intervilles ou internationales, vers le Luxembourg par exemple. Une partie du matériel de 1ʳᵉ classe a été rénovée pour les services « Euraffaires », destinés prioritairement aux hommes et femmes d'affaires. (France)*

Pour faire face à de gros investissements futurs, les réseaux se regroupent pour fonder une compagnie spécifique, Eurofima, une sorte de banque ferroviaire, dont le but principal va être d'aider à la modernisation du parc moteur et tracté. Cette mesure permettra le lancement d'un programme de voitures appelées « voitures standard européennes » et acquises par

◄ *Souffrant d'une lente mais inévitable érosion, les Trans Europ Express vont s'éteindre définitivement en 1987, remplacés par les trains EuroCity. La tentative de relancer ces trains en incluant des voitures de 2ᵉ classe n'a pas permis d'éviter la suppression définitive. Ici, le TEE Cisalpin Paris-Milan a été photographié en automne 1980. Il sera remplacé par un TGV Paris-Lausanne avec correspondance pour la capitale lombarde. (France)*

Les voitures Eurofima : une chance pour l'Europe ?

1976-1990 : Le confort et la vitesse

▲ *La mise en service de voitures standard européennes VSE « Eurofima », en livrée orange et gris, a entraîné la modernisation intérieure et extérieure de diverses voitures introduites en service international. Cela se vérifie sur cette photo, qui montre un train Bruxelles-Paris remorqué par une machine française et composé de voitures VSE ainsi que des unités modernisées des chemins de fer belges. (France/Belgique)*

Alors que les relations internationales prennent de l'essor, les administrations ferroviaires européennes ne disposent pas d'un nombre suffisant de voitures neuves pour répondre à la demande. C'est un organisme de financement créé en 1957, Eurofima, qui va leur venir en aide et financer l'acquisition d'une importante série de nouvelles voitures confortables et climatisées : les voitures standard européennes ou VSE. Un total de 500 voitures de première ou de seconde classe est réparti comme suit : 100 à la SNCF (France), 100 à la DB (Allemagne), 100 aux FS (Italie), 80 à la SNCB (Belgique), 20 aux CFF (Suisse) et 100 aux ÖBB (Autriche). Cette série sera bientôt renforcée par d'autres unités dérivées des VSE, notamment en Italie, Allemagne et Autriche. Initialement vouées aux trains EuroCity, les voitures Eurofima, comme on les appelle aussi, sont désormais introduites dans des trains intervilles rapides, en Suisse, en Allemagne ou en Belgique.

▶ *Gros plan sur l'une des voitures standard européennes de la SNCF. Les VSE confortables et silencieuses ont contribué grandement au rajeunissement des trains de grandes lignes. L'arrivée des TGV les a éloignées des relations intervilles à long parcours. (France)*

109

▲ *L'arrivée des voitures Corail (contraction de COnfort sur RAIL), à partir de 1975, va permettre à la SNCF de donner du sang neuf à diverses relations intervilles. Ces voitures, confortables dans les deux classes et dotées de bonnes qualités de roulement, vont connaître un réel succès auprès de la clientèle. Ainsi près de 4 000 unités vont être réalisées dans diverses versions pour les trains de jour ou de nuit. Leur « gloire » a cependant été éphémère, les trains de grandes lignes étant repris progressivement par les TGV. (France)*

six réseaux européens : Allemagne, France, Suisse, Italie, Autriche et Belgique. C'est une première dans l'histoire du rail. Ces 500 voitures ont des caractéristiques communes et arborent au début de leur carrière une livrée « européenne » en orange avec un bandeau gris pâle. Mais cette unité n'est pas une réalité dans les faits. Les voitures allemandes sont peintes dès réception en rouge et crème (livrée TEE) et en France, hormis 8 unités, les 92 autres revêtent la livrée Corail. Elles sont tout de même un renfort bienvenu surtout en trafic international, au moment où se pose la question du remplacement des relations TEE.

Un rajeunissement important

Les qualités indéniables des voitures VSE vont permettre la réalisation d'un très grand nombre de voitures neuves, toutes plus ou moins issues des premières nommées. En quelques années, le rajeunissement du parc tracté est perceptible. Le « vert wagon » a laissé la place à des rames colorées, et surtout une notion de base est de retour : le confort.

▲ *Les relations EuroCity (EC) ont vite bénéficié de matériels neufs pour optimiser les services ferroviaires entre les grandes métropoles européennes. En gare de Bâle, l'EC en provenance de Coire marque l'arrêt avant de repartir vers Amsterdam. (Suisse)*

Afin de donner un sérieux coup de jeune aux relations intérieures, diverses séries de voitures neuves sont mises en chantier : les voitures Corail (avec près de 4 000 unités) en France, les Schlieren de conception suisse pour l'Autriche, une adaptation italienne des VSE, appelée type Z (plusieurs milliers de voitures dont certaines sont encore en construction à l'heure actuelle), et diverses familles de voitures InterCity (Allemagne, Pays-Bas) régénèrent les services intérieurs. Mais si la qualité de roulement de ces matériels est une préoccupation majeure, le confort est décliné avec toutes sortes d'améliorations. Fini le temps des voitures ternes aux banquettes fatiguées par de nombreuses années de service et mal éclairées, place aux trains modernes, rapides et spacieux.

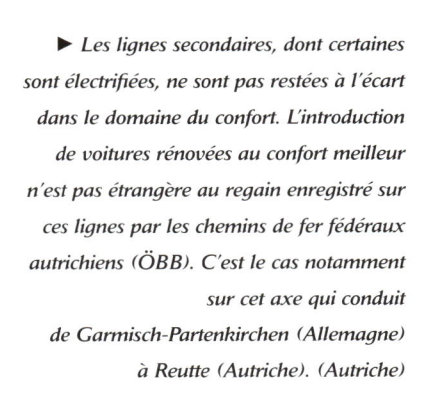

▶ *Les lignes secondaires, dont certaines sont électrifiées, ne sont pas restées à l'écart dans le domaine du confort. L'introduction de voitures rénovées au confort meilleur n'est pas étrangère au regain enregistré sur ces lignes par les chemins de fer fédéraux autrichiens (ÖBB). C'est le cas notamment sur cet axe qui conduit de Garmisch-Partenkirchen (Allemagne) à Reutte (Autriche). (Autriche)*

◀ La progression des services EC a conduit diverses administrations ferroviaires à porter toute leur attention sur les matériels employés, en leur affectant en priorité des unités neuves ou modernisées. On voit ici, dans le beau paysage du Lötschberg, un EC à destination de Hambourg. (Suisse)

◀ Pour venir en aide aux trains de banlieue, malades de vétusté et d'inconfort, la SNCF a réactivé dans les années 1980 une idée datant des années 1930 : la voiture à deux niveaux. Elle a donc fait construire plusieurs centaines de voitures neuves mises en service intensif au départ des gares parisiennes. La photo montre un train en provenance de Château-Thierry et se dirigeant vers la gare de l'Est à Paris. (France)

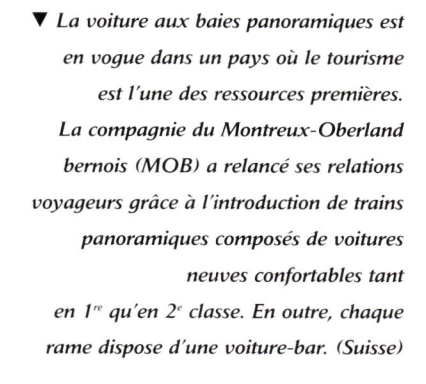

▼ La voiture aux baies panoramiques est en vogue dans un pays où le tourisme est l'une des ressources premières. La compagnie du Montreux-Oberland bernois (MOB) a relancé ses relations voyageurs grâce à l'introduction de trains panoramiques composés de voitures neuves confortables tant en 1re qu'en 2e classe. En outre, chaque rame dispose d'une voiture-bar. (Suisse)

111

LA RESTAURATION DANS LES TRAINS

1976-1990 : Le confort et la vitesse

▶ *En Suisse, certaines voitures-restaurants proposent de déguster des fondues tout en voyageant.*

▼ *Le* Wild Life Express (*express de la vie sauvage*) *est un train de jour qui circule sur un parcours pittoresque entre Östersund et Arvidsjaur. Le confort à bord du train est particulièrement soigné ainsi que le service proposé par la voiture-restaurant. (Suède)*

Le retour du confort s'est traduit par diverses avancées en matière de restauration ferroviaire. Si la voiture-restaurant classique, avant tout destinée à une clientèle aisée, n'a pas été remise en cause dans un premier temps, une version plus « démocratique » a vu le jour sur plusieurs réseaux européens. L'introduction de voitures « Gril-Express » en France, de « Quick-Pick » en Allemagne ou de « Snack-Bar » en Autriche permet à un plus grand nombre de voyageurs de se restaurer de manière convenable et à moindre coût, mais bien sûr à bord de voitures dépourvues de nappes blanches et de couverts en argent. Cette innovation a toutefois conduit à une baisse sensible de la qualité des produits proposés à la clientèle, car longtemps la restauration est restée une prestation subventionnée par les exploitants, qui n'était pas intégralement à la charge des prestataires de services.

Afin de rentabiliser au mieux l'espace restauration, des voitures spécialisées ont été divisées en deux, avec un véritable restaurant réduit à une trentaine de places et un espace type bar. La restauration à la place, imitée de l'aviation, a débuté sur les lignes françaises en voiture Corail, puis dans les TGV vers le sud-est de la France. Ailleurs, ce type de service n'a connu qu'une faible évolution et la voiture-restaurant de style traditionnel reste de mise sur la plupart des réseaux européens (relations

◄ *Longtemps, la mention « Restaurant » appliquée sur les flancs des voitures a permis de distinguer les véhicules de restauration. Aujourd'hui, les unités encore en service arborent le plus souvent des pictogrammes. (Allemagne)*

internationales), y compris dans les trains à grande vitesse (Allemagne ou Italie, par exemple). Des voitures « fast-food » (Suisse) ou « fondue » (Suisse) ou encore proposant des pizzas (Italie/France) ont été introduites afin de diversifier l'offre de restauration sur certaines relations nationales ou internationales. L'abandon de certains services de restauration a été compensé par des minibars, des chariots mobiles offrant de la restauration rapide ou des boissons.

Au Japon, en Chine ou encore en Russie, la voiture-restaurant reste un élément important du voyage en train, tout comme aux États-Unis qui redécouvrent lentement mais sûrement les vertus du rail. Certains trains de voyageurs assurant des relations est-ouest en acheminent plusieurs en raison de la longueur de leur composition et de celle du voyage.

► *Le train El Transcantabrico a la particularité de circuler sur des voies à écartement métrique entre Saint-Jacques-de-Compostelle et Saint-Sébastien. Le gabarit plus réduit qu'en voie normale n'empêche nullement le confort décliné à un haut niveau, notamment dans les voitures-lits. La photographie montre le service du petit déjeuner. (Espagne)*

113

Les premiers pas de la grande vitesse

1976-1990 : Le confort et la vitesse

L'une des préoccupations majeures des dirigeants des grandes compagnies ferroviaires a concerné la quête de plus grandes vitesses en service commercial.

La vitesse, atout indéniable en matière commerciale, a bénéficié d'attentions particulières qui vont ouvrir la voie vers la très grande vitesse.

Toujours plus vite

Si, en 1938, une locomotive à vapeur a pu circuler à 202 km/h en Grande-Bretagne, les trains de grandes lignes européens roulent à 120, 140 km/h, et au mieux à 160 km/h. Pour autoriser des vitesses supérieures, il faut rectifier les tracés des lignes mais il faut aussi se doter de matériels aptes à des vitesses élevées. Après le record sans lendemain de 1955 (331 km/h), il faut attendre 1972 pour qu'un train atteigne les 300 km/h. En décembre de cette année-là, un turbotrain expérimental, le TGV 001 à turbine à gaz, roule à 318 km/h et ouvre des perspectives nouvelles, à très grande vitesse.

▲ *C'est au pays du Soleil-Levant que la grande vitesse a pris son envol. La mise en service des trains Shinkansen à voie normale, contrairement aux autres lignes, a démontré que le chemin de fer peut circuler à des vitesses élevées. (Japon)*

Le Japon pionnier de la grande vitesse

Sur le plan des relations régulières, les grandes vitesses – c'est-à-dire au-delà du 160 km/h – sont utilisées de manière intensive pour la première fois au Japon dès octobre 1964. Les chemins de fer de ce pays (JNR), où règne la voie étroite (1,067 m d'écartement), mettent en service un train révolutionnaire à voie normale. Il est la base du nouveau réseau Shinkansen (nouveau chemin de fer), qui permet à des rames automotrices de circuler à 210 km/h entre Tokyo et Osaka. Ultérieurement, les JNR vont s'équiper de rames aptes à 240 puis 275 km/h.

En Europe, à l'occasion de l'Exposition internationale des transports de Munich (Allemagne), les chemins de fer fédéraux, DB, mettent en service, en 1965, un train circulant à 200 km/h entre la capitale bavaroise et la ville d'Augsbourg. Pour l'occasion, un matériel nouveau, locomotives et voitures, a été réalisé. Il va devenir la base des futures rames TEE de la DB.

En France, la SNCF soucieuse d'améliorer ses prestations vers Bordeaux et Toulouse a modernisé une

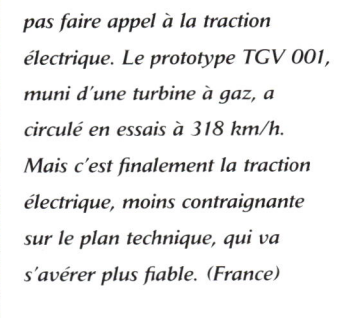

▼ *À l'origine, les TGV ne devaient pas faire appel à la traction électrique. Le prototype TGV 001, muni d'une turbine à gaz, a circulé en essais à 318 km/h. Mais c'est finalement la traction électrique, moins contraignante sur le plan technique, qui va s'avérer plus fiable. (France)*

114

▲ *Les chemins de fer fédéraux (DB) ont, dès 1965, introduit des trains circulant à 200 km/h sur la ligne Munich-Augsbourg aménagée à cet effet. Le matériel dédié à ces trains a été construit lui aussi spécialement pour ces services, principalement des TEE. En tête, une CC 103 aux formes profilées, une exception à cette époque où régnait un certain classicisme. (Allemagne)*

▲ *Le nom du Capitole est connu dans le monde ferroviaire grâce à ce train, le premier à circuler à 200 km/h sur les lignes de la SNCF. Ce sont des CC 6500 neuves, tractant des voitures « Grand Confort », qui ont principalement assuré la liaison. (France)*

grande vitesse), circule à la vitesse de 200 km/h en traction thermique, une grande première. Le succès est tel que les lignes empruntées par les HST (125 rames)

▼ *Les chemins de fer britanniques (BR), souhaitant entrer dans le club des réseaux ouverts à la grande vitesse, ont fait construire des rames APT (Advanced Passenger Train). Las, leur conception qui faisait pourtant appel à la technique de pendulation des caisses dans les courbes a déçu ! Les incidents répétés ont eu raison d'un matériel dont la carrière aura été l'une des plus courtes. (Grande-Bretagne)*

portion de ligne (70 km) entre Paris et Orléans pour autoriser des vitesses supérieures à 160 km/h. Pour la première fois, en mai 1967, un train français circule en vitesse commerciale à 200 km/h. Le nom de ce train va rester un mythe de nombreuses années durant : il s'agit du *Capitole* qui relie la capitale à Toulouse. Vers Bordeaux, c'est le train l'*Étendard* qui va être le porte-drapeau de la SNCF très longtemps. Pour ces services, la SNCF n'a pas hésité à faire construire du matériel spécifique.

En Grande-Bretagne, les British Railways font fabriquer en 1969 le prototype d'un train à pendulation, baptisé APT (Advanced Passenger Train). Celui-ci atteint, lors d'essais, la vitesse de 244 km/h et fait naître des espoirs. Ils sont de brève durée, l'un des trains de série, livré en 1974, déraille en marche d'essai à 200 km/h. La mise en service définitive de ce matériel est abandonnée et sa quasi-totalité est ferraillée.

Cet échec ne décourage pas les BR qui font fonctionner, dès 1975, le prototype d'un train automoteur Diesel, deux motrices encadrant six remorques. Ce nouveau train, appelé HST (High Speed Train : train à

▲ *L'échec des APT n'a pas découragé les chemins de fer britanniques, qui ont développé avec succès les trains HST (High Speed Train) à traction thermique. Ces rames peuvent circuler à la vitesse maximale de 200 km/h, une performance pour ce mode de traction. (Grande-Bretagne)*

connaissent une augmentation de 52 % du nombre des voyageurs. Fort de ce succès, les BR mettent au point la version électrique et le concept IC 225. En 1984, les nouveaux trains, 31 rames en tout, reprennent les services rapides intervilles sur les grands axes, en circulant à la vitesse maximale de 225 km/h.

La très grande vitesse débute en 1981

L'ère de la très grande vitesse débute en France en 1981 avec l'inauguration de la première portion de ligne nouvelle Paris-Lyon. Le TGV Sud-Est démarre avec une circulation commerciale à 250 km/h, portée peu de temps après à 260 puis à 270 km/h.
Pour marquer sa volonté, mais aussi démontrer son avance sur le plan technologique, la SNCF bat le record de vitesse avec un TGV, dès le mois de février 1981, d'une circulation homologuée à 380,4 km/h.

▼ *Les rames du TGV Sud-Est ont, au début de leur carrière, reçu une livrée orange et gris, qui permettra longtemps de les différencier des autres TGV. Rénovées à mi-vie, les rames Sud-Est sont repeintes en gris et bleu. (France)*

LE RECORD DE FÉVRIER 1981

La quête vers les grandes vitesses a toujours motivé les entreprises ferroviaires et surtout les constructeurs de matériel. Il est vrai qu'à une époque où la concurrence se fait plus rude tandis que les commandes tardent à venir, un exploit technologique est en quelque sorte la meilleure carte de visite possible.

Le record du monde de vitesse en France, en 1955, avec 331 km/h est resté sans suite, aucune ligne et surtout aucun matériel de série ne pouvant dépasser les 140 ou 160 km/h. L'introduction dans les années 1960 de trains capables de circuler à 200 km/h, en Allemagne, en France et surtout au Japon, où est implanté un véritable réseau à grande vitesse, relance le mouvement vers des vitesses toujours plus élevées en service commercial. Un prototype expérimental à turbine à gaz, de la SNCF, circule bien à 318 km/h mais l'impact de la nouvelle reste sans suite immédiate pendant plusieurs années. C'est l'achèvement de la ligne nouvelle construite entre Paris et Lyon qui va offrir le prétexte nécessaire à la SNCF et au constructeur des rames TGV, la société Alsthom. Pour bien marquer l'opinion publique mais aussi la concurrence étrangère, les deux partenaires préparent dans le secret le plus absolu une tentative de record de vitesse. Après une mise en condition et une préparation minutieuse, le 26 février 1981 est le grand jour. La ligne nouvelle n'est pas encore exploitée en trafic régulier et c'est une rame modifiée pour la circonstance qui tente l'aventure. Après avoir porté le record à 365 km/h, la même rame circule à 380 km/h lors de son 2e essai. Outre la performance indéniable, ce nouveau record donne des arguments à tous ceux qui pensent que le chemin de fer ne peut sortir de son déclin que par la grande vitesse. Au-delà de la publicité faite autour de cette prouesse technologique, ce sont bien sûr les enseignements tirés de ces essais qui vont influencer la construction des voies nouvelles mais aussi des matériels utilisés en service quotidien, tout en posant les bases des futurs TGV Atlantique et Nord. Le record tient jusqu'en 1991, où un ICE allemand le porte à un peu plus de 406 km/h. Celui-ci est de nouveau battu ultérieurement par un autre TGV de la SNCF qui atteint les 515,3 km/h ! Du jamais vu sur des rails de chemin de fer !

Ces records, qui ont démontré de manière éclatante la fiabilité du système rail-roue face à la concurrence nouvelle des trains à suspension magnétique, autorisent aujourd'hui la circulation de ces trains à la vitesse commerciale de 300 km/h, en France notamment. Mais c'est sans nul doute le record de 1981 qui a révélé au monde l'amorce du renouveau du rail.

▲ *Pour commémorer le record du monde de vitesse de 1981, la rame détentrice de cet exploit technique a été munie de plaques rappelant l'événement. (France)*

▼ *Peu de temps avant la mise en service de la ligne nouvelle Paris-Lyon, un TGV de la SNCF, spécialement conditionné, bat le record de vitesse à 380 km/h en février 1981. (France)*

1976-1990 : Le confort et la vitesse

▲ *Un TGV à destination de Paris marque l'arrêt en gare du Mans. Celle-ci a bénéficié, grâce à l'arrivée des rames en gris et bleu, d'une cure de jouvence avec l'installation d'abris de quai aux formes « atlantiques ». (France)*

L'accroissement sensible du nombre de voyageurs conduit la SNCF à développer son réseau à grande vitesse. En 1989, elle inaugure la première tranche du TGV Atlantique entre Paris et Le Mans, où, pour la première fois dans son histoire, des trains (rames TGV-A) roulent à 300 km/h en service régulier. La grande vitesse vient d'entrer dans une phase ascendante. L'Italie, quant à elle, inaugure une ligne rapide appelée Direttissima entre Rome et Florence, où des trains circulent à 200 km/h en traction électrique à partir de 1986. C'est quelques années plus tard que véritablement les grandes vitesses vont faire leur apparition dans ce pays.

▶ *Le TGV Atlantique a été partiellement ouvert, 8 ans après le TGV Sud-Est, avec des trains sur Paris-Le Mans. Ultérieurement sera ouverte la branche en direction de Tours. Les rames circulent à 300 km/h. (France)*

▶ *Les chemins de fer italiens (FS) ont reçu pour leur ligne rapide Direttissima des locomotives neuves série E 444 aptes à 200 km/h. Ironie ou simple coïncidence, ces machines sont pourvues d'un logo sous forme de… tortue, appliqué sous les fenêtres latérales des postes de conduite. Relayées par des séries plus récentes, les « tortues » italiennes assurent également des services rapides intervilles sur d'autres lignes. (Italie)*

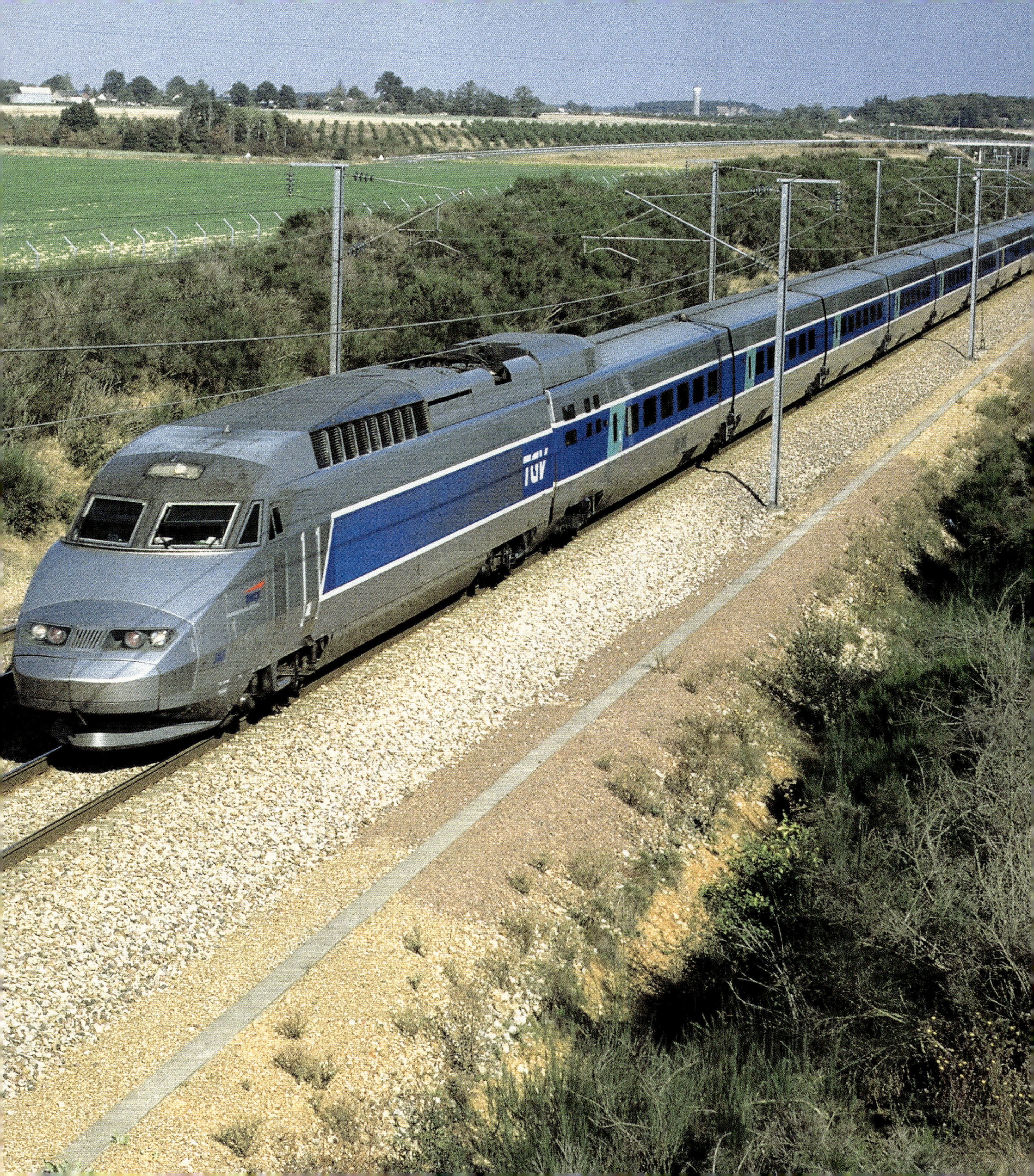
TGV

Une reconversion touristique

1976-1990 : Le confort et la vitesse

Le déclin des chemins de fer, déjà évoqué dans cet ouvrage, a eu pour conséquence majeure de réduire considérablement les prestations ferroviaires.

Bon nombre de lignes dites « non rentables » vont être fermées au trafic des voyageurs dans un premier temps, puis quelques mois après au trafic des marchandises.
Là, deux voies existent. La première consiste à démonter les rails et à faire disparaître toute trace de la ligne ferroviaire en la transformant, par exemple, en piste cyclable. Elle est souvent adoptée dans divers pays européens, souvent un peu à la hâte. L'autre voie consiste à préserver le travail des générations antérieures en s'opposant au démantèlement. Dans ce cas il faut racheter l'infrastructure ferroviaire à la compagnie.

Naissance des chemins de fer touristiques

Des associations se forment dans le but de sauver du démontage une partie ou la totalité d'une ligne. Leur but : préserver pour la postérité quelques kilomètres de lignes, des gares à l'architecture locale ou campagnarde, des remises à locomotives, des maisons de gardes-barrière, bref tout ce que le chemin de fer moderne ne présente plus. La tâche est souvent immense, mais quelques belles réussites récompensent tous les volontaires qui sont à l'origine de la notion de patrimoine ferroviaire.

Si l'on compte un grand nombre de succès dans plusieurs pays européens, les échecs existent aussi, soldant par un démantèlement de la voie et des installations. Les années qui ont suivi l'arrêt des circulations ferroviaires ont vu la fermeture des magasins

▲ *Une partie de l'important réseau à voie métrique du Vivarais a pu être préservée. Depuis plus de 30 ans des trains à vapeur circulent de nouveau sur le « Mastrou » entre Tournon et Lamastre. L'une des plus belles réussites sur le plan européen. (France)*

◀ *Plutôt que de démonter les installations d'une ligne fermée aux voyageurs, la compagnie basque ET/EV a préféré la réutiliser pour faire circuler des trains touristiques en traction vapeur. Celui-ci permet ainsi la visite d'un intéressant musée ferroviaire situé à Azpeitia. (Espagne)*

▶ *Généralement, la mise en service d'un chemin de fer touristique est une fête locale organisée par les divers acteurs locaux. Allocutions et fanfares ne manquent pas à l'appel, comme ici sur le chemin de fer de la vallée de l'Aa dans le Pas-de-Calais. (France)*

LES MACHINES MONUMENTS

1976-1990 : Le confort et la vitesse

▲ *Proche du dépôt de Saint-Pierre-des-Corps (dans la périphérie de Tours), cette 231E de la SNCF témoigne du passé ferroviaire de toute une région. (France)*

Les locomotives réformées, on dit « radiées » en jargon ferroviaire, qui ne finissent pas sous le chalumeau sont préservées par des particuliers, des musées ou encore des chemins de fer touristiques. Une autre voie existe cependant. Certaines sont placées sur des socles devant des supermarchés, dans des jardins publics ou à proximité des gares. Ce sont des machines monuments, appelées aussi par les amateurs des « pots de fleurs ».

La solution de la machine monument présente bien des avantages pour qui ne veut ou ne peut financer sa réfection complète. Généralement, son positionnement sur un socle intervient après une réfection rapide avec remise en peinture, le tout à peu de frais. La machine ainsi exposée n'est plus en mesure de fonctionner, l'ensemble de ses mécanismes ayant été prélevé. Ce sont souvent des municipalités marquées par l'histoire du rail, avec la présence autrefois d'un grand dépôt ou d'une importante usine de construction, qui ont recours à cette pratique.

Ainsi, pendant de nombreuses années, ces vénérables monuments doivent braver à la fois les intempéries et diverses dégradations. La « chasse aux locomotives » s'étant quelque peu animée, plusieurs machines sont descendues de leur socle pour gagner les ateliers de réparation. Quelques-unes ont subi une quasi-reconstruction avant de redevenir de véritables locomotives. Mais la majorité d'entre elles vont continuer de trôner sur un socle ou d'amuser les jeunes générations dans des lieux publics.

◄ *Non loin de Gérone, en Catalogne, cette locomotive à vapeur a trouvé refuge sur un socle placé au cœur d'un groupe d'habitations. (Espagne)*

▲ *Certaines lignes régulières, où le tourisme est un facteur important de développement, mettent en service au cours de l'été des trains à vapeur appelés « trains promenade ». Le chemin de fer du Zillertal a bien vite compris l'opportunité d'une telle attraction qui connaît un franc succès. (Autriche)*

▼ *L'attraction majeure des chemins de fer touristiques reste la traction vapeur. Le chemin de fer touristique de la Sarthe dispose de plusieurs unités, dont cette machine datant des années 1920. Elle s'apprête à tracter son convoi au départ de Connerré-Beillé. (France)*

▲ *La plupart des chemins de fer touristiques sont exploités par des amateurs bénévoles. Le travail ne manque pas et la tâche est variée. Sur cette photo, on voit plusieurs membres du chemin de fer des Trois Vallées assurant l'entretien courant sur une voiture du parc. (Belgique)*

d'alimentation puis des écoles pour cause de désertion rurale en faveur des villes. Bien des années après, des responsables économiques reconnaîtront que la suppression de plusieurs relations ferroviaires était une « grave erreur ».

Parfois sauvée du démontage, la ligne doit être remise en état pour laisser passer à nouveau des trains. La chose n'est pas aisée car des années d'entretien sommaire ont fini par rendre trop souvent cette ligne impraticable. Pour l'exploiter, il faut du matériel « rétro », c'est-à-dire capable de replonger les voyageurs dans les années 1950, au temps des tortillards. Ainsi, les exploitants – en majorité des bénévoles – achètent, au fil des disponibilités, des locomotives à vapeur ou Diesel, des voitures à essieux, des wagons typiques et divers autorails. Souvent, une longue attente est nécessaire à la réfection des matériels avant une réintroduction en service actif pour les touristes. C'est en Grande-Bretagne, berceau du rail, que les premières lignes touristiques commencent leur carrière avec succès, bientôt suivie par la France, l'Allemagne et l'Autriche. Les fermetures s'étant multipliées, la liste des chemins de fer touristiques devient impressionnante. Mais la demande en matériel s'accroît d'autant et ne peut être totalement satisfaite. Souvent, il faut se tourner vers d'autres pays pour espérer acquérir du matériel en quantité suffisante. Un chemin de fer touristique belge, le chemin de fer à vapeur des Trois Vallées, dispose d'un parc européen : machines d'origine belge, allemande, française et polonaise et autorails en provenance du Luxembourg ou des Pays-Bas.

Le renouveau des relations régionales

Le retour en grâce des liaisons régionales a quelque peu freiné le mouvement, mais diverses lignes, dont l'avenir semblait compromis, connaissent une seconde jeunesse. Partenaires efficaces de l'économie locale ou régionale, les chemins de fer touristiques ont un caractère ludique et historique. Ils sont avant tout un témoignage vivant d'un patrimoine architectural ou technique légué par les générations antérieures. Tous ceux qui ont œuvré, parfois avec de grandes difficultés, à la construction de ces lignes n'ont pas peiné inutilement.

▼ *Bien qu'elle soit plus petite que celle du film la Bête humaine, cette locomotive à vapeur, circulant entre Murau et Tamsweg, est conduite par deux mécaniciens fort attentifs. Ces gestes d'un métier presque disparu, ils ne les effectuent que de manière occasionnelle et à la belle saison. (Autriche)*

LES MUSÉES

1976-1990 : Le confort et la vitesse

Pour permettre aux générations futures de mieux comprendre l'évolution des chemins de fer, une impressionnante collection de matériels a pu être sauvée de la démolition pour figurer dans divers musées. Certains évoquent le monde des transports en général et d'autres sont des musées nationaux qui présentent les principales pièces de l'histoire du rail du pays où ils sont établis. C'est le cas notamment de celui de York en Grande-Bretagne, l'un des plus anciens, du musée français du Chemin de Fer à Mulhouse, mais aussi de ceux implantés à Utrecht (Pays-Bas) ou à Stockholm (Suède) qui ont une vocation purement nationale. À Strasshof, non loin de la capitale autrichienne, des amateurs ont rénové un ancien dépôt désaffecté et exposent des locomotives à vapeur dont certaines sont en état de marche, tout comme à Longueville, en France, où une association de bénévoles, l'AJECTA, présente divers matériels sauvés de la destruction, ou encore à Treignes (Belgique) où un chemin de fer touristique s'est doté de son propre musée. À Lucerne, le musée suisse des Transports consacre une large part au rail mais n'hésite pas à accueillir des avions ou des vélos tout en retraçant l'évolution des communications du pays. Plusieurs musées sont spécialisés dans les transports en commun, comme à Bruxelles, où l'on peut voir des tramways hippomobiles, ou encore Vienne (Autriche), mais surtout Londres où le London Transport Museum est une juxtaposition de 14 rétrospectives consacrées au transport en général. D'autres établissements sont spécialisés dans les matériels à voie étroite. Celui de Froissy (France) se consacre à la voie de 0,60 m et aux chemins de fer industriels.

Si la liste des musées à visiter en Europe est fort longue, celle des autres continents est en expansion. Ainsi aux États-Unis, le California State Railroad Museum, implanté à Sacramento, est une création récente qui n'a cependant rien à envier aux réalisations européennes.

À noter qu'il existe aussi des musées à vocation purement régionale, comme le musée basque situé à Azpeitia (Pays basque espagnol), qui offre au visiteur une présentation statique des matériels utilisés autrefois par la compagnie ferroviaire locale, mais aussi des marches spéciales en traction vapeur sur une ligne spécifique. C'est bien ce que l'on peut appeler un « musée vivant » !

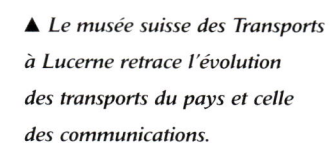

▲ *Le musée suisse des Transports à Lucerne retrace l'évolution des transports du pays et celle des communications.*

▼▶ *Le musée français du Chemin de Fer à Mulhouse présente l'une des plus belles collections d'engins ferroviaires : locomotives à vapeur, voitures et wagons, autorails, ainsi que des signaux et bâtiments.*

123

Le retour des trains de luxe

1976-1990 : Le confort et la vitesse

À leur apogée dans les années 1930, les trains de luxe ont disparu, remplacés par des rames démocratisées.

Les TEE, qui ont connu leur heure de gloire, sont sur le déclin. Les trains se sont « démocratisés » avec l'abandon de la troisième classe, et le confort en seconde est dans bien des cas de bonne qualité.

Des trains de prestige

C'est en 1976 que la première circulation d'un train-croisière (nouvelle dénomination des trains de luxe) a lieu. Le succès, au-delà des espérances, de cette nouveauté ouvre des perspectives commerciales. Mais avant de mettre sur pied un train-croisière, il faut beaucoup de moyens et de patience. Le matériel disponible à la vente n'est pas important ou attend un nécessaire rajeunissement. Pour faire revivre les trains de luxe, l'idée est simple. Tout doit replonger les voyageurs dans l'atmosphère feutrée des années 1930 : le parcours, le service et la restauration. Le premier de ces trains, le *Nostalgie Istanbul Orient Express*, lancé par le Suisse Albert Glatt, reprend les fondements du légendaire *Orient Express* et a pour destination Istanbul, en

▲ *Très apprécié en affrètement, le* Nostalgie Istanbul Orient Express *a souvent été tracté par des locomotives à vapeur. On voit ici le train à Dieppe Maritime, remorqué par la 230 G 353 de la SNCF. Le drapeau suisse sur l'avant de la machine rappelle que le propriétaire du train de luxe est helvétique. (France)*

▶ *Le train* Nostalgie Istanbul Orient Express, *en circulation spéciale entre Zurich et Innsbruck, marque l'arrêt en gare de Saint-Anton. Le matériel a été minutieusement restauré par le propriétaire du train, une agence de voyages suisse ; il comprend ce jour-là des voitures pullman et des voitures-restaurants. (Autriche)*

Turquie, qui fut autrefois le terminus du train de légende. Le NIOE connaît rapidement un succès commercial et médiatique.

L'*Orient Express*, un mythe

En Grande-Bretagne, James Sherwood, qui a suivi avec intérêt le développement du NIOE, est un entrepreneur fortuné et décidé. Il lance à son tour, après plusieurs années de préparation, le *Venice-Simplon Orient Express* qui, comme son nom l'indique, conduit les voyageurs vers la cité des Doges (Venise) en Italie. Là aussi, le train est composé de somptueuses voitures rénovées avec de considérables moyens financiers.
Une adaptation ibérique du train-croisière voit le jour sous le nom de *Andalus Expreso* ; il permet une découverte originale de l'Andalousie dans des conditions de confort peu égalées.
La liste s'allonge au fil des ans avec la création en Grande-Bretagne du *Royal Scotsman*, également en Afrique du Sud avec le *Rovos Rail*, qui pousse les limites du luxe encore plus loin. Cette offre, destinée avant tout à une clientèle aisée, a gagné l'Asie avec le lancement de l'*Eastern and Oriental Express* et, plus récemment du *Royal Orient*, en Inde. Le continent océanien connaît depuis peu son train-croisière avec le *Great South Pacific Express* en Australie.

▲ Le *Venice-Simplon Orient Express* conduit les voyageurs de Paris à Venise via la Suisse, l'Arlberg et le Brenner en Autriche, avant de gagner la cité des Doges. À ses débuts, ce train circulait via le Simplon en Suisse d'où son nom. Mais le parcours plus touristique de l'Arlberg a entraîné une modification de son tracé. (Autriche)

▼ Le train de luxe *Andalus Expreso* permet une découverte originale de l'Andalousie. Le confort, le service et la table sont les points forts d'un voyage pas tout à fait comme les autres. (Espagne)

▲ Ambiance feutrée à bord de cette somptueuse voiture pullman de la rame britannique du train de luxe *Venice-Simplon Orient Express*. Une invitation à un voyage hors du commun… (Grande-Bretagne)

▼ Le train de luxe *Rovos Rail* est considéré par les spécialistes comme l'un des plus luxueux trains du monde, sinon pour certains comme le plus raffiné, le plus confortable et le plus exotique. La photographie montre l'intérieur d'une voiture-restaurant du *Rovos Rail*. (Afrique du Sud)

▲ Le train de luxe Royal Scotsman, qui a la particularité de n'accueillir qu'une trentaine de voyageurs, décline le luxe sous toutes ses formes. Ici, la voiture-bar attend ses prochains convives. (Grande-Bretagne)

▲ Le train de luxe Andalus Expreso, circulant la nuit, achemine des voitures-lits au confort raffiné. À noter que les cabines comportent des douches individuelles. (Espagne)

◄ Accueil ibérique à bord du train Andalus Expreso. Tout est mis en œuvre pour que le voyageur se sente bien et profite pleinement du voyage. (Espagne)

▶ *Le train de luxe* Majestic Impérator *circule généralement entre Vienne, Prague et Budapest. Il est également possible de l'affréter. Ici, un dîner aux chandelles est servi dans la voiture-restaurant. (Autriche)*

▲ *Train mythique allemand des années 1930, le Rheingold existe en train historique avec voitures authentiques rénovées. Lors d'une sortie, deux voyageurs ont revêtu des costumes d'époque. (Allemagne)*

Une famille nombreuse

À cette énumération de trains à long parcours, il faut ajouter d'autres relations comme le *Majestic Impérator* qui relie Vienne, Budapest et Prague, le *Rheingold*, train de légende allemand, et le *Pullman Orient Express* très demandé en affrètement.

Cette prestigieuse famille de trains de luxe d'aujourd'hui perpétue l'idée initiale de Georges Nagelmackers (le fondateur des trains de luxe), celle d'un voyage hors du temps où tout est raffinement et volupté. Le succès de ces trains démontre la pertinence du propos. Aussi, d'autres initiatives en ce sens sont à prévoir dans les années à venir.

▶ *Le personnel d'accompagnement du train* Donau Nostalgie Express *a revêtu un costume du début du siècle pour ajouter à l'atmosphère des voyages d'antan. (Autriche)*

L'Orient Express, un mythe

1976-1990 : Le confort et la vitesse

S'il est un nom de train qui évoque l'aventure et le beau voyage, c'est bien celui de l'*Orient Express*. Il suscite toujours autant de curiosité et reste, pour bon nombre de personnes amateurs ou non, synonyme de rêve. Loin de s'éteindre, cette longue histoire est devenue un véritable mythe. Une forme d'art de vivre est ainsi née, le « style Orient Express ». Cette nostalgie des voyages d'antan est de ce fait l'objet d'un commerce florissant.

Afin d'entretenir ce mythe, toutes sortes de produits dérivés, de la vaisselle ou des cendriers comme des cravates, portent ce nom prestigieux. Aux États-Unis, dans un pays où le voyage en train est devenu pour le moins marginal, une boutique portant la célèbre marque a même connu un certain succès. Quant aux restaurants, ils ont été fort nombreux de par le monde. Le premier s'est ouvert au Japon au début des années 1980, sous la forme d'une rame complète de voitures bleues attelées à une locomotive à vapeur, le tout en provenance d'Europe mais restant définitivement à quai... D'autres établissements ont tenté l'aventure, dont le plus récent a ouvert ses portes à Stockholm, en Suède ! À Paris, un restaurant proche d'une gare offre lui aussi une ambiance « Orient Express » et un voyage immobile. En outre, des magasins de modélisme ferroviaire portent cette belle enseigne en Italie et en Belgique.

Le véritable et authentique train Orient Express quitte chaque jour la gare de l'Est à Paris et achemine, une fois par semaine, une voiture-lits à destination de Bucarest. Mais il ne peut évoquer en aucune manière les souvenirs d'un passé si brillant.

▶ *L'un des nombreux restaurants à l'enseigne « Orient Express », ici celui d'Istanbul en Turquie.*

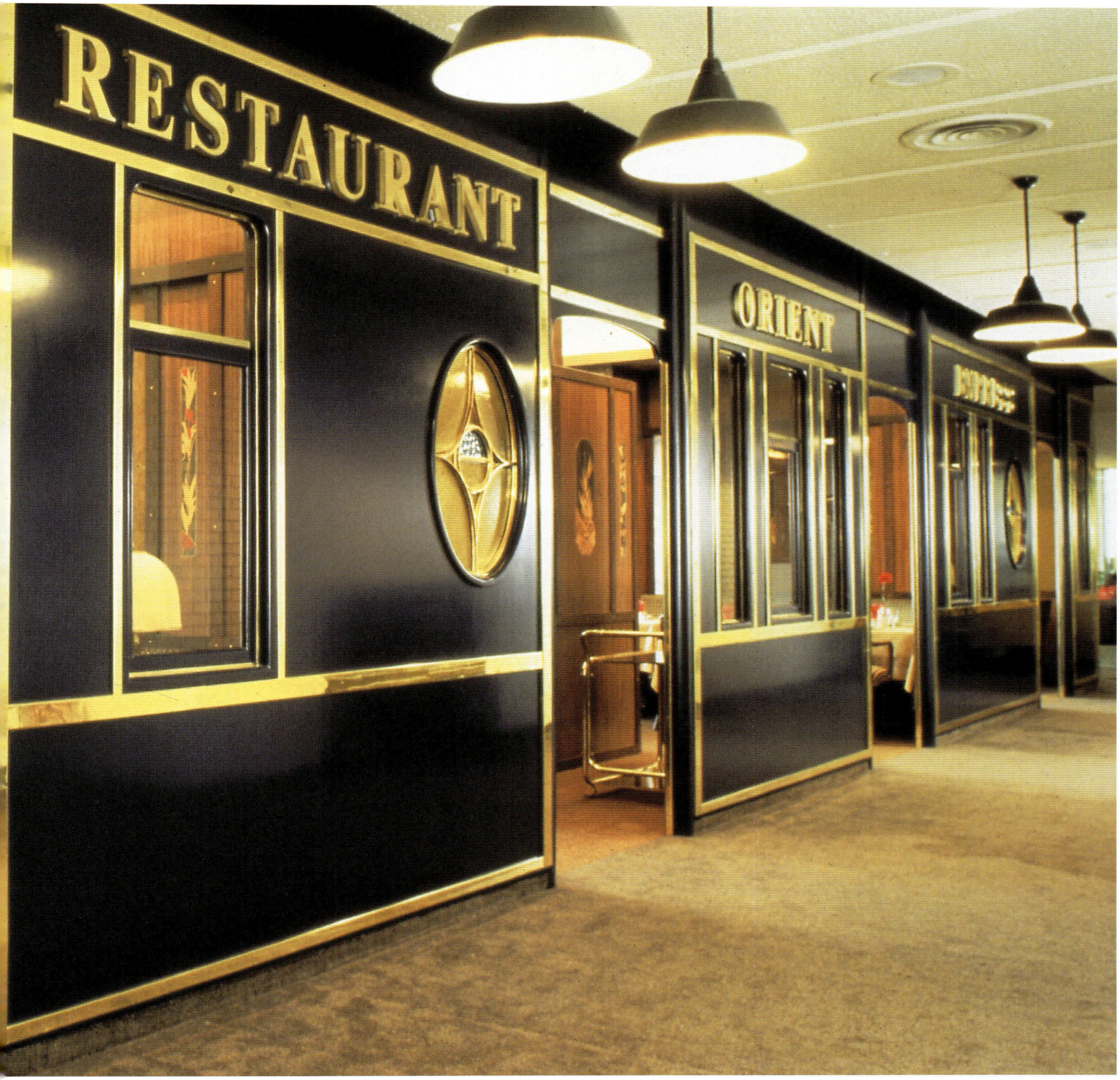
RESTAURANT
ORIENT

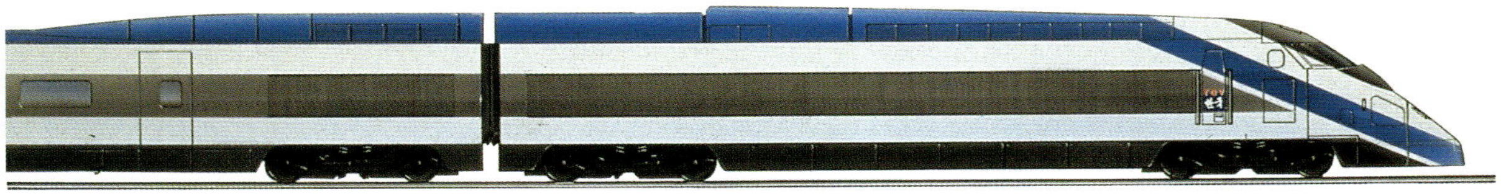

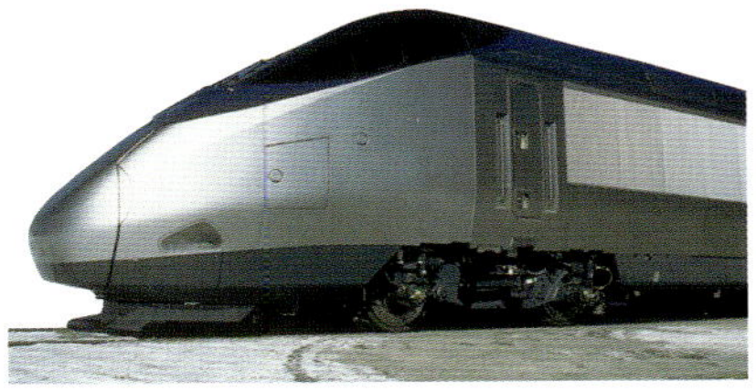

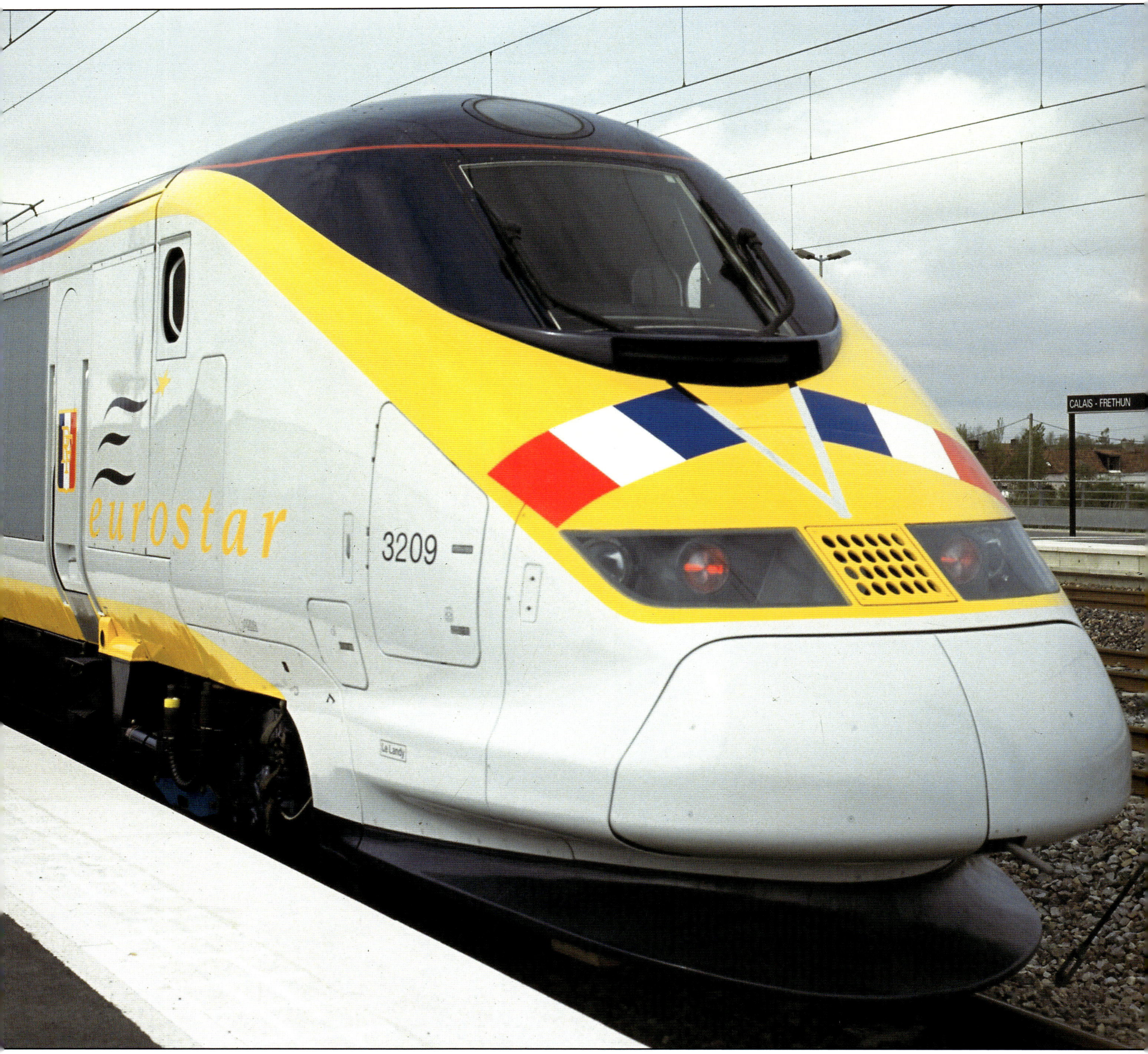
eurostar
3209
CALAIS - FRETHUN
Le Landy

Des trains pour le XXIe siècle

1991-2000

Incontestablement, la dernière décennie du XXe siècle aura été marquée par un nombre important de mesures en faveur du rail. C'est bien sûr l'avènement de la grande vitesse en Europe ainsi que divers projets aux États-Unis ou en Corée qui retiennent l'attention, mais d'autres actions moins perceptibles sont de nature à redonner sa place au chemin de fer, notamment dans le domaine du fret, des trains régionaux et des transports collectifs.

1991-2000 : Des trains pour le XXIᵉ siècle

L'envol du réseau à grande vitesse

Le succès espéré du TGV Sud-Est, confirmé au-delà des prévisions les plus optimistes, ouvre la voie à la grande vitesse. Désormais, celle-ci est au cœur des préoccupations en matière de transport de diverses régions françaises, tandis qu'en Italie, en Allemagne ou en Espagne l'idée fait son chemin avec la publication d'études diverses.

En 1988, les chemins de fer italiens (FS) introduisent des rames ETR 450 à pendulation, circulant à 200 km/h sur ligne classique rénovée et à 250 km/h sur la Direttissima entre Rome et Florence.

▲ *Ce sont les rames ETR 450 qui ont ouvert l'ère de la grande vitesse. Comme le montre la photographie, ce matériel est équipé du système de la pendulation qui lui permet de circuler à vitesse plus élevée sur ligne classique. (Italie)*

L'ICE se mesure au TGV

Cette même année, les chemins de fer fédéraux allemands (DB), qui mettent au point leur ICE (InterCity Express) depuis de nombreux mois, marquent un grand coup. Le record du TGV Sud-Est à 380 km/h tombe le 1ᵉʳ mai 1988, quand un ICE expérimental porte, ce jour-là, ce record à 406,9 km/h. Sans admettre la compétition, la SNCF et ses fournisseurs se trouvent confrontés à la DB et à son consortium de fabricants, car à l'horizon pointent des espoirs d'exportation. Mais c'est en Suède que l'histoire se poursuit avec la mise en service, à partir de 1990, des trains X 2000. Ils sont eux aussi pendulaires, mais ne roulent qu'à 200 km/h sur ligne classique. Cependant, en essai, un X 2000 a pu circuler à 280 km/h sur une ligne aménagée. Leur force réside dans cette fameuse pendulation qui consiste à faire incliner les caisses du train dans les courbes, une technique qui permet un accroissement de la vitesse de 20 à 30 %, sans gêne pour les voyageurs et qui, surtout, n'entraîne pas de gros investissements sur le plan des infrastructures. Ce matériel donne du tonus aux relations express entre Stockholm et Göteborg, dans un premier temps.

◀ *« L'effet » ICE a aussi débordé les frontières allemandes. Une relation vers Interlaken, dans l'Oberland bernois, est assurée par une rame de la DB. Elle longe ici le lac de Thoune et aura bientôt achevé son voyage. (Allemagne/Suisse)*

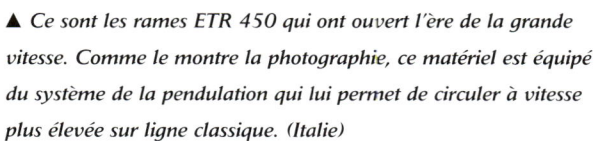

La SNCF développe son réseau TGV

La SNCF, qui a complété son réseau TGV Atlantique, entend défaire la DB de son record car elle sait que son matériel est plus performant. Elle le démontre en mai 1990, lorsqu'un TGV-A circule à l'incroyable vitesse de 515,3 km/h ! Le record allemand a tenu tout juste deux ans. En Allemagne, la DB a pris son temps pour préparer l'entrée en service de l'ICE. Celle-ci intervient en 1991, dix ans après le TGV Sud-Est. La DB a fait construire deux portions de ligne nouvelle : Hanovre-Fulda et Mannheim-Stuttgart. Les rames blanches filent à la vitesse maximale de 250 km/h, une vitesse qui sera portée ultérieurement à 280 km/h. Si l'aspect extérieur des rames paraît moins agréable à l'œil, les ICE offrent un confort supérieur à celui des TGV français, car en Allemagne la notion de confort sur rails est redevenue primordiale, la concurrence avec d'autres modes de transport étant désormais très rude.

En Espagne, à la faveur de l'Exposition universelle de Séville, en 1992, la compagnie nationale RENFE, qui a un instant hésité entre l'ICE allemand et le TGV français, opte pour ce dernier. Une ligne nouvelle, à écartement normal et non pas à voie large, est construite entre Madrid et Séville. Appelé AVE (Alta Velocidad Española), le matériel ibérique affiche un air de famille avec le TGV français, malgré un aménagement intérieur différent. La ligne nouvelle est inaugurée en avril 1992.

C'est en mai 1993 que le TGV Nord-Europe est ouvert, rapprochant Lille et les principales villes du nord de la France à la capitale. Là aussi, les nouveaux TGV, du type Réseau, roulent à la vitesse maximale de 300 km/h. Ce sont des TGV-A plus courts (deux remorques en moins) capables de circuler invariablement sur les lignes à grande vitesse du Nord, de l'Atlantique et du Sud-Est. C'est une nouveauté de taille qui permet la création de relations intervilles en interconnexion, comme des Lyon-Rennes ou Lille-Bordeaux.

▲ *La seconde génération de matériels à grande vitesse italiens est représentée par les rames ETR 500. Contrairement aux ETR 450, elles ne sont pas munies de la pendulation et ne peuvent démontrer leur qualité – notamment une vitesse de pointe de 300 km/h – que sur ligne nouvelle. Ces dernières devant s'accroître, la série a une descendance assurée. (Italie)*

▼ *L'architecture hors du commun de la partie de la gare de Londres-Waterloo réservée aux trains via le tunnel sous la Manche, s'harmonise parfaitement avec les TGV Eurostar. De là partent également des relations vers la capitale belge, Bruxelles. (Grande-Bretagne)*

L'Italie, déjà présente dans le domaine de la grande vitesse, poursuit son programme et met en service, à partir de 1994, une nouvelle génération de matériels appelés ETR 500. Celle-ci s'est fait quelque peu attendre avant sa mise en service effective et sa production de série. Si l'ETR 500 peut circuler à 300 km/h, il ne fait pas appel à la technique de la pendulation. Un an plus tard, les rames ETR 460, elles à pendulation, font leur apparition, complétant ainsi la gamme italienne.

Le tunnel sous la Manche, un vieux rêve devenu réalité

Mais l'événement de 1994 est sans nul doute l'ouverture du tunnel sous la Manche. Le 6 mai 1994, un vieux rêve est devenu une réalité. Celle-ci permet la circulation de trains navettes pour le transport des automobiles ou des autocars, des navettes porte-camions, des trains de fret et de nouveaux TGV baptisés Eurostar. Ils roulent entre Paris et Londres et entre Bruxelles et Londres. Sur la ligne à grande vitesse française, jusqu'à l'entrée du tunnel, la vitesse maximale autorisée est de 300 km/h ; dans le tunnel, elle tombe à 160 km/h, tandis que sur les voies anglaises, les TGV atteignent péniblement les 100 km/h, en raison de la vétusté des infrastructures. Une ligne nouvelle, entre la sortie du tunnel et Londres, verra le jour dans les premières années du XXIe siècle, réduisant encore les

◀ C'est depuis juin 1996 que des TGV Thalys relient Paris à Amsterdam. Ce sont des rames identiques à celles employées sur les relations vers Bruxelles qui officient entre les deux capitales. La photo montre un TGV Thalys qui vient juste d'arriver en gare centrale d'Amsterdam CS. (France/Pays-Bas)

temps de parcours entre les trois capitales. Le service Eurostar ouvre la voie à l'internationalisation de la grande vitesse, qui se complète en janvier 1995 par la mise en service de TGV en livrée gris, argent et bleu, circulant entre Paris et Bruxelles. Ils sont bientôt suivis, en juin 1996, par des rames quadricourant rouges reliant Paris à Amsterdam via Bruxelles. La Belgique, avec un temps de retard, s'est décidée à faire construire une ligne nouvelle raccordée à la ligne française, permettant de gagner la capitale à grande vitesse. Celle-ci va permettre à d'autres TGV Thalys, aux formes quelque peu germaniques, de joindre Paris à Cologne dans un premier temps (1997) et Düsseldorf ensuite (1998).

Un développement à grande échelle

Entre la Suisse et l'Italie, la ligne du Simplon, qui nécessiterait un réaménagement profond, est un élément vital des relations entre les deux pays. Pour dynamiser cette relation, une société italo-suisse, appelée Cisal-

◀ Le personnel d'accompagnement Eurostar porte une tenue gaie et seyante en harmonie avec les couleurs des trains à grande vitesse. Après avoir suivi une formation spécifique, ce personnel doit maîtriser plusieurs langues, en raison du caractère international de la clientèle de ces trains. (France/Grande-Bretagne)

pino, met en service, après une difficile mise au point, des rames pendulaires ETR 470, dérivées des ETR 460 italiennes. Elles effectuent des relations entre Genève et Milan puis ultérieurement entre Stuttgart et Milan via la Suisse. Entre l'Italie et la France, des TGV sont introduits sur Milan-Paris et des rames ETR 480 italiennes entre Milan-Turin et Lyon à la fin de 1996. Sur Paris-Lyon, la demande est devenue si forte que le matériel fait parfois défaut pour un accroissement de la desserte. En 1997, la SNCF introduit des TGV à deux niveaux, des Duplex, une nouveauté qui permet à terme un cadencement à la demi-heure des relations. En Allemagne, « l'effet ICE » s'est également ressenti. L'image véhiculée par ces engins a permis à des relations de voir leur nombre de voyageurs grimper, et les soixante rames disponibles ne suffisent bientôt plus. Des rames plus courtes, les ICE-2, couplables pour former des trains à destinations multiples, sont livrées, puis en 1999 apparaissent les premiers ICE-T à caisse inclinable. Ils sont spécialement affectés aux relations Stuttgart-Milan sur un parcours sinueux où la technique de la pendulation accroît la vitesse commerciale. Le futur va se concrétiser sous la forme de rames ICE-3 capables de circuler en Belgique et aux Pays-Bas. Ces derniers en ont d'ailleurs commandé quelques unités. Quant à la ligne nouvelle Berlin-Hanovre, un axe important en Allemagne, elle a été ouverte aux circulations en 1998, soulageant l'ancien itinéraire.

▲ C'est la société italo-suisse Cisalpino qui exploite les trains pendulaires entre les deux pays. La technique, qui a désormais fait ses preuves, a permis une réduction importante du trajet entre Genève et Milan. Par tous les temps, les rames en blanc et bleu Cisalpino acheminent leurs voyageurs en toute quiétude. (Suisse/Italie)

▶ Sur le trajet Paris-Londres, un service de vente ambulante est proposé aux voyageurs. Mais les rames, plus longues que les autres TGV, disposent aussi de deux voitures-bars. (France/Grande-Bretagne)

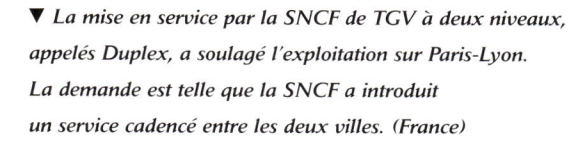

▼ La mise en service par la SNCF de TGV à deux niveaux, appelés Duplex, a soulagé l'exploitation sur Paris-Lyon. La demande est telle que la SNCF a introduit un service cadencé entre les deux villes. (France)

135

◀ Le succès du TGV Sud-Est a permis d'étendre les relations assurées par les rames orange. Au-delà de Lyon, les rames à grande vitesse se dirigent vers Marseille ou Nice, mais en empruntant les lignes classiques. La photo montre un TGV à destination de Nice sur le viaduc d'Anthéor. (France)

Au cours des dernières années, le réseau desservi par les ICE s'est enrichi avec des incursions en Suisse (Bâle ou Zurich) et en Autriche (Vienne).

Une solution adaptée face à la concurrence

En Espagne, où les AVE Madrid-Séville ont réussi à supplanter l'avion (cinq fois plus de voyageurs par le train), des AVE à voie large Euromed ont commencé à rouler en 1997 à la vitesse maximale de 220 km/h sur des portions de lignes existantes aménagées en conséquence. En outre, un service Alaris, utilisant des trains pendulaires assez proches du « pendolino » italien, fonctionne depuis février 1999 entre Madrid et Valence, à la vitesse de pointe de 220 km/h.

La solution intermédiaire du système pendulaire a permis à divers pays d'accroître leur offre en lui donnant une image nouvelle grâce à des matériels neufs et confortables. Cette technique réduit les temps de parcours, un atout de plus sur le plan commercial. C'est le cas de la Finlande, avec ses rames S 220, ou du Portugal.

▶ Les TGV Sud-Est passent en révision à mi-vie. À cette occasion, outre des améliorations techniques rendues nécessaires par l'évolution technologique du domaine de la grande vitesse, les rames troquent la couleur orange contre un gris-argent et un bleu analogue aux TGV Atlantique ou Réseau. L'une des rames rénovées est vue à Marseille, prête à partir. La mise en service du TGV Méditerranée permettra de réduire le temps de parcours à environ 3 heures. (France)

▼ Les trains à grande vitesse Euromed circulent en voie large espagnole, contrairement aux trains AVE qui ne peuvent rouler que sur voie normale. Ces trains, à l'allure assez française, assurent des prestations entre Barcelone et Valence. Ils y effectuent des pointes à 220 km/h sur des portions aménagées pour cette vitesse. (Espagne)

En France, où le projet de TGV Est avance à pas lents en raison du montage financier, le TGV Méditerranée va rapprocher Marseille et Nice de la capitale. Un projet de TGV Rhin-Rhône devrait aussi se concrétiser dans les quinze années à venir, tandis qu'une liaison transalpine Lyon-Turin est en phase de consultation. Longtemps réticente à la technique de la pendulation, la SNCF, de concert avec un constructeur, a élaboré un prototype de TGV pendulaire. Ses aptitudes pourraient décider une construction en série et une utilisation sur des lignes modernisées et non plus nouvelles. Les observateurs ont noté que sur certaines relations, la grande vitesse permet de reprendre des parts de marché à la concurrence.

Des trains à grande vitesse hors d'Europe

Ailleurs dans le monde, la mise en place de lignes à grande vitesse est devenue une priorité. La Corée du Sud et Taïwan souhaitent se doter de trains à grande vitesse, mais doivent faire face à des problèmes d'investissements. Aux États-Unis, des changements politiques ont entraîné l'abandon du projet FOX (Florida Overland Express) en Floride, et l'American Flyer, une liaison rapide Washington–New York–Boston, est

▶ *Au centre d'entretien des TGV de Villeneuve-St-Georges, près de Paris, trois générations de TGV posent pour la photo : un « Duplex », une rame Sud-Est encore en livrée orange et un TGV Réseau. (France)*

▲ *Du matériel à deux niveaux est aussi employé en service Shinkansen. C'est le cas des rames série E4 qui permettent à 817 voyageurs de circuler à 240 km/h en service commercial. Couplables par deux, ces trains peuvent emmener 1 634 voyageurs, un record dans le monde. (Japon)*

devenue Acela. Ce sont des TGV pendulaires qui circuleront en principe dès la fin de l'an 2000 à la vitesse maximale de 240 km/h. La grande vitesse fait bel et bien son entrée sur le continent américain et aux États-Unis en particulier, où le chemin de fer fait un retour remarqué. Le succès de cette formule devrait permettre à la compagnie Amtrak d'ouvrir à terme de nouveaux corridors, comme Los Angeles–San Diego ou Atlanta–La Nouvelle-Orléans. Mais la construction de lignes nouvelles ne semble plus d'actualité, seuls les axes existants devant être rénovés ou adaptés à la circulation de matériels pendulaires.

Le Japon, pionnier de la grande vitesse, rappelons-le, mérite une mention particulière.

Ce pays est resté à la pointe du développement, qu'il s'agisse de la technologie de la grande vitesse, de l'extension du réseau ou de l'amélioration du service offert à la clientèle. Au total, à la fin de 1997, le réseau Shinkansen comptait 2 175 km de lignes.

La situation n'est pas figée puisque 378 km de lignes supplémentaires sont en chantier ou en cours de finition. L'introduction de nouveaux matériels – comme les rames série 500 circulant à 300 km/h, des rames série 300 aptes à la vitesse maximale de 270 km/h – a permis la définition d'un nouveau train, série 700, capable de circuler en vitesse de pointe à 285 km/h. Le succès des trains Shinkansen est tel que diverses gares ont fait l'objet d'importants aménagements en vue de doubler leur capacité de desserte. C'est le cas notamment de Tokyo-Central.

Réduire les temps de parcours

Il est plus que probable que la première décennie du XXIe siècle va connaître un accroissement sensible du nombre des lignes nouvelles mais aussi de celles aménagées pour la circulation de trains à grande vitesse. Les exploitants ferroviaires ayant compris que la réduction des temps de parcours est un facteur déterminant lors d'un voyage, cette donnée est l'objet de toutes les attentions. Plusieurs pays (Chine, Inde) passeront du stade de projet à la réalisation. Le chemin de fer sera alors prêt à se substituer à l'avion sur divers axes totalement saturés et pourra ainsi pleinement assurer la complémentarité en matière de transport.

▼ *C'est la série 700 (JR Central) qui est le matériel le plus récent des services Shinkansen. Avec une vitesse commerciale portée à 285 km/h, ce matériel a fait l'objet d'études poussées pour permettre une réduction du bruit causé par le passage d'une rame. Le confort a aussi été repensé pour offrir un voyage de plus en plus agréable. (Japon)*

La relance des relations régionales

1991-2000 : Des trains pour le XXIe siècle

La saturation des axes routiers entraînée par un accroissement rapide de nombreuses grandes villes conduit à une multitude de problèmes. La solution ferroviaire, longtemps ignorée mais qui a fait timidement surface lors de la décennie précédente, devient le nouveau cheval de bataille d'hommes politiques.

Là où le chemin de fer a cédé la place, il doit revenir en force. La panoplie est grande : voitures à deux niveaux, voitures neuves et spécifiques à ce type de trafic, automotrices performantes, enfin autorails neufs et confortables.

En Europe, la régionalisation des transports a transféré les compétences en matière de décision. Ainsi, les mesures ne sont plus prises au siège des exploitants mais par les capitales régionales. Les décisions doivent viser à adapter l'outil de transport aux besoins. Si la mesure semble juste, il faut tout de même souligner que des régions riches ont une marge de manœuvre plus grande que les régions économiquement moins favorisées.

La régionalisation des transports

En Allemagne ce sont les États (*Länder*), en France ce sont les régions qui fixent leurs besoins concernant le transport régional. Outre une participation financière lors d'acquisitions de matériels ou de rénovations, ces organismes ont la charge de l'organisation du plan de transport collectif avec un regard sur les lignes d'autocars. Une complémentarité est recherchée plutôt qu'une concurrence pour éviter une circulation simultanée autorail/autocar comme ce fut souvent le cas au cours des années 1970. En Allemagne, cette libéralisation ouvre la voie aux compagnies privées qui se placent en concurrentes directes de la compagnie nationale, la DB AG, pour l'obtention des

▲ *Le transfert de la compétence des transports collectifs aux* **Länder** *(États) allemands a ouvert la voie à de nombreuses compagnies privées. Un service régional près de Stuttgart, exploité par une filiale allemande d'un grand groupe français, a ainsi bénéficié d'un matériel performant et confortable. Une politique pour faciliter l'accès des stations a été mise en place. Ici, à Dettenhausen, le parc des vélos a été agrandi et modernisé. (Allemagne)*

▼ *La revalorisation des transports régionaux n'est possible que si les moyens financiers sont suffisants. À défaut, les services sont assurés avec les matériels existants. C'est le cas de ce train tracté par une machine Diesel et photographié en gare d'Elena. (Bulgarie)*

◄ L'arrivée de matériels neufs est souvent accompagnée de mesures incitatives. La compagnie privée LEB (Lausanne-Echallens-Bercher), qui a consenti d'importants investissements sur le plan du matériel et des infrastructures, fait la promotion du transport des bicyclettes dans le train. (Suisse)

concessions. Souvent, la DB laisse la place à des compagnies nouvelles qui n'hésitent pas à investir des sommes considérables dans la rénovation d'infrastructures souvent obsolètes et dans l'acquisition de matériels nouveaux. Une aubaine pour les constructeurs nationaux qui voient leur carnet de commandes se garnir au fil des mois. L'utilisateur y gagne souvent car, outre des mesures tarifaires, il bénéficie de matériels modernes et agréables. Divers aménagements aux abords des gares rénovées permettent de garer les vélos ou la voiture particulière avant de monter dans le train. Un accroissement du nombre de trains favorise une souplesse d'utilisation qui se traduit par un nombre grandissant de voyageurs. Il s'agit de solutions simples, dont l'application a cependant quelque peu tardé.

Des matériels adaptés aux besoins

La Suisse, qui entend mieux organiser divers secteurs du transport ferroviaire, met en place un système de trains régionaux type S-Bahn au départ de Zurich, et poursuit dans ce sens avec Berne quelques années plus tard. Il est vrai que la configuration du pays se prête bien à ce genre d'exploitation, dans un État où la vétusté des matériels destinés aux relations régionales ou suburbaines était devenue chronique. La modernisation à grande échelle a porté ses premiers fruits en peu de temps.

En France, la régionalisation permet également l'introduction de matériels neufs. Dans un premier temps, la SNCF met à la disposition des régions participant à cette opération des matériels rénovés, souvent des autorails des années 1960-1970, et des voitures

◄ La régionalisation des transports collectifs concerne aussi la nouvelle DB qui a été réorganisée. Celle-ci a créé des filiales pour assurer des trains régionaux en partenariat avec les Länder. C'est le cas de la DB ZugBus qui dispose de voitures neuves à deux niveaux, comme sur ce train au départ de Tübingen. (Allemagne)

▼ Longtemps considérés comme des services annexes, les trains régionaux ont souffert d'une image dégradée. L'introduction de matériels neufs, comme ces automotrices série 2300 pour des relations Lisbonne-Sintra apparues à partir de 1992, a contribué à modifier cette image. (Portugal)

▲ *La modernisation de matériels existants n'étant pas une mesure suffisante, les régions ont favorisé la conception d'un automoteur donnant une image de modernisme par sa forme, également par son confort et ses performances. En 1997 sont apparus les premiers X 72500 aptes à la vitesse maximale de 160 km/h. On voit l'un d'eux, en provenance de Paris, arrivant à Châteaudun sur une relation TER Centre. (France)*

neuves comme les rames réversibles régionales. Une nouvelle génération d'automoteurs, destinée à dynamiser des liaisons interrégionales, est introduite à partir de 1998, donnant du tonus à des services sur le déclin. La mise en fonction, en été 1999, de la ligne E du RER, entre le centre de la capitale et la banlieue Est, apporte une pierre de plus au développement du transport collectif de l'Île-de-France.

Cette décennie a vu la transformation des trains de banlieue – un vocable devenu péjoratif du fait de l'utilisation de voitures anciennes peu confortables – en véritables trains régionaux. Mais ce n'est pas qu'une façade ou un changement de dénomination. Le service a été revu et corrigé avec une amélioration sensible en ce qui concerne l'information et les fréquences.

Un regain pour le train de banlieue aux USA

Cependant, le train de banlieue, une tradition américaine, est de nouveau bien vivace dans son pays d'origine. De grandes villes tentaculaires se sont développées à une époque où l'automobile n'existait pas. Les États-Unis ont par la force des choses utilisé les trains de banlieue pour permettre aux habitants des périphéries de rejoindre le centre-ville, lieu du travail. Au début des années 1950, l'automobile

▼ *Deux automoteurs, dont un modernisé TER Pays de la Loire, assurant une liaison Tours-Vierzon, donnent correspondance en gare de Gièvres à un autorail TER Centre à voie métrique. Ce dernier circule sur un service Salbris-Valençay. (France)*

▲ *La privatisation récente des chemins de fer britanniques a entraîné la constitution d'une trentaine de firmes en charge des services voyageurs. L'une d'elles, filiale d'un groupe français, exploite sous la raison sociale Connex South Central des relations entre Londres et Brighton via Croydon. (Grande-Bretagne)*

a chassé les derniers voyageurs, et la plupart des services de banlieue ont cessé de fonctionner. Une modernisation leur aurait permis de jouer un rôle moins important, mais efficace dans l'organisation des migrations domicile/travail et vice versa. Mais ce n'est que depuis le début de cette décennie que ce système de transport connaît un regain sans précédent. Une quinzaine de réseaux a été réactualisée et une

▲ *La revalorisation des relations régionales est un problème à l'échelle de l'Europe. Rares sont les pays qui ne sont pas confrontés à cette reconquête de clientèle. Les horaires, les fréquences, la vitesse et le confort participent à cette action. Les chemins de fer portugais (CP) ont eux aussi mis en place diverses solutions incitatives. (Portugal)*

▲ *Les diverses compagnies privées exploitant des services ferroviaires dans le pays ne sont pas restées inactives. D'importants investissements ont été consentis pour moderniser les matériels. C'est le cas de la compagnie Zillertalbahn, qui exploite une ligne à voie de 760 mm entre Jenbach et Mayrhofen. Cette modernisation a permis de faire circuler les trains en cadence, augmentant sensiblement le nombre annuel des voyageurs. (Autriche)*

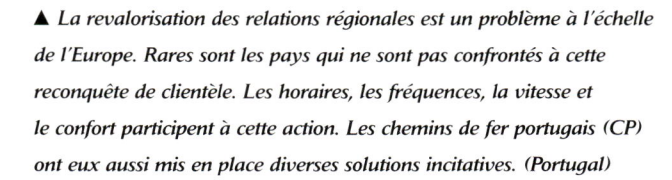

quinzaine d'autres est en cours de préparation. En moins de vingt ans, le nombre des réseaux de banlieue aura doublé. Des millions de voyageurs sont ainsi transportés journellement sur les réseaux de banlieue des grandes villes de l'est, comme Chicago ou New York. Dans cette ville, le métro, qui s'est développé, offre un complément non négligeable et draine une part importante de la clientèle. On peut ainsi habiter à 60 km et venir travailler dans le centre, cela en moins d'une heure.

▼ *Les chemins de fer luxembourgeois (CFL) confrontés au problème de la modernisation de leurs trains régionaux intérieurs ou transfrontaliers, ont acquis des automotrices de conception française, du type Z2. Celles-ci circulent sur les lignes CFL et sur des relations vers la France. Sur la photo, l'une des ces automotrices arrive dans la capitale du grand-duché. (Luxembourg)*

Le chemin de fer une solution d'avenir

Mais cette redécouverte du chemin de fer n'est pas qu'américaine ou européenne. Les autres continents sont confrontés au problème d'un accroissement de population important. Il devient nécessaire d'améliorer les moyens de transport entre les cités de résidence et les bassins d'emploi. La capitale égyptienne, Le Caire, s'est dotée d'un système de trains express régionaux de conception française, et le Japon multiplie les services de banlieue des grandes villes, notamment par une fréquence accrue pour tenter de résoudre les énormes problèmes d'encombrement des routes.

Là également, le chemin de fer, un moment relégué à un rôle mineur, revient en force. Cependant, les années de retard sont difficiles à rattraper et l'indécision qui a longtemps fait loi contraint souvent à des investissements financiers très importants. L'accroissement prévisible des populations de certaines grandes villes va impliquer une extension sans précédent des transports collectifs.

▲ La modernisation des matériels existants est une solution souvent provisoire mais qui peut s'avérer séduisante. C'est le cas de ces rames sud-africaines datant des années 60 et qui continuent leur labeur quotidien. La photo a été prise en gare de Simon's Town dans la province du Cap. (Afrique du Sud)

▼ Le phénomène de la revitalisation des services régionaux n'est pas qu'européen. Diverses compagnies privées ont décidé de moderniser des matériels existants pour offrir un meilleur confort et un meilleur service à leur clientèle. C'est le cas des trains circulant entre l'aéroport international de Tokyo à Narita et celui de Haneda destiné aux relations intérieures. Les rames modernisées sont la propriété de la compagnie Keihin Electric Express Railway. (Japon)

▲ L'accroissement de la population de la capitale, Le Caire, a entraîné la création d'un véritable réseau régional. Ce sont des automotrices de conception française qui assurent une grande partie de ce trafic. (Égypte)

142

LA SOLUTION À DEUX NIVEAUX

1991-2000 : Des trains pour le XXIe siècle

▲ *La SNCF, en passant une commande massive de voitures à deux niveaux, a redonné de la vigueur à une idée ancienne. Ce type de matériel a permis de réactiver les liaisons de banlieue, trop longtemps négligées.*

C'est depuis le début des années 1980 que la valorisation des relations régionales a trouvé enfin un sens. Après bien des années d'hésitation, les compagnies nationales se décident à commander des matériels neufs, afin d'offrir des conditions de confort optimales.

Certaines relations se développent si vite que bientôt les rames disponibles ne suffisent plus, et l'adjonction de voitures supplémentaires n'y fait rien. C'est alors qu'une vieille idée des années 1930 réapparaît. Déjà appliquée dans des pays de l'Europe de l'Est (Pologne, RDA ou Bulgarie), la voiture à deux niveaux redevient un outil d'actualité pour faire face au développement des trains régionaux ou de banlieue.

Cette voiture offre plus de places assises et une composition de huit ou neuf unités permet d'acheminer près du double de voyageurs. Initialement utilisée en voiture pure, cette version est ensuite déclinée en automotrices. C'est d'abord en France que la voiture à deux niveaux trouve une application à grande échelle. Les compagnies européennes suivent de près cette évolution et y voient une solution adaptée à leurs besoins. Elles suivent timidement cette voie puis, convaincues de la nécessité de faire vite, se décident à passer commande de plusieurs centaines de voitures neuves. Ainsi, les CFF en Suisse (réseau régional de Zurich), la RENFE en Espagne, les FS en Italie, les NS aux Pays-Bas ou encore le réseau privé GKB en Autriche se dotent de voitures analogues à celles introduites en France. Les chemins de fer allemands (DB) – avec un temps de retard – emboîtent le pas et mettent en service un parc impressionnant de voitures destinées aux relations intervilles de faible distance.

Aux États-Unis et au Canada, les trains de banlieue, quelque peu délaissés de nombreuses années durant, retrouvent là-bas aussi une certaine vigueur en réponse aux routes saturées d'automobiles. Pour acheminer un maximum de banlieusards vers les bassins d'emploi, plusieurs compagnies locales achètent d'importantes quantités de voitures à deux niveaux. Leur mise en service a contribué à redonner du lustre au rail américain, autorisant même des investissements autrefois inespérés.

◄ *Le succès de la formule à deux niveaux a ouvert de nouveaux horizons à diverses compagnies européennes. Les chemins de fer italiens se sont dotés d'un matériel similaire à celui de la SNCF.*

143

La reconquête du transport des marchandises

1991-2000 : Des trains pour le XXIe siècle

Alors que les chemins de fer fédéraux suisses (CFF) appliquaient sur leurs wagons le slogan « pour vos marchandises, le rail », s'amorçait un déclin rapide. La déréglementation du transport routier des marchandises a entraîné la prolifération des entreprises de transport. De cette concurrence effrénée est née une compétition tarifaire qui a souvent placé le rail en position de perdant.

Mal adapté, le système ferroviaire ne mesure pas assez vite la disparité qui règne dans ce secteur. Loin de répondre à la demande avec précision, les administrations ferroviaires laissent partir des clients importants. Une aubaine pour les transporteurs routiers qui peuvent ainsi multiplier le nombre de leurs camions.

Le fret, une aubaine pour la route

Cette situation va contribuer à engorger encore plus de nombreux axes routiers et appelle à des réactions, quelque peu tardives il est vrai. Deux pays alpins, transit d'un grand volume de marchandises par la route, réagissent et proposent des solutions. Dans un premier temps, ils encouragent l'utilisation de conteneurs

▶ *Les trains complets sont aussi une solution pour rationaliser le trafic du fret. Cette technique évite les manœuvres puisque le convoi formé chez l'expéditeur est reçu à l'identique par le destinataire. La photographie présente un train complet de céréales en gare d'Arona, se dirigeant vers Milan. (Italie)*

▲ *Le transport combiné (rail/route) a connu au cours des dernières années un essor important grâce à sa souplesse d'utilisation. C'est l'un des moteurs de la reconquête des marchandises par le chemin de fer. Près de Paris, un train de fret de la SNCF se dirige vers le triage du Bourget à la nuit tombante. (France)*

(le transport combiné en progression constante) puis ouvrent la voie à « l'autoroute roulante ». Cette technique permet à des camions de voyager en train,

◄ *Le système Cargo Sprinter de DB Cargo repose sur des wagons automoteurs Diesel qui ne nécessitent plus la présence d'une locomotive. Ils sont capables d'acheminer des caisses mobiles ou des conteneurs. La taille des rames constitue cependant un handicap certain. C'est une motorisation poussée, à l'étude, qui rendra ce procédé encore plus performant. (Allemagne)*

▲ *Venant du Brenner italien, où les camions ont été chargés, ce train de « l'autoroute roulante » vient de quitter Innsbruck en Autriche et se dirige vers Rosenheim en Bavière, où les camions retrouveront la route. Derrière la locomotive allemande, la voiture blanche est destinée aux conducteurs des camions qui peuvent s'y détendre, boire une consommation ou se restaurer. (Italie/Allemagne)*

réduisant les nuisances sur les grands axes internationaux. L'Allemagne suit le mouvement et met en service des rames spécialisées entre ses principaux centres de production et les Balkans ou l'Italie. En outre, la DB a mis en fonction des rames automotrices spécifiques pour le transport des camions, appelées Cargo Sprinter. Une généralisation de l'idée est à prévoir dans ce pays et dans d'autres. Sans être encore totalement acceptée par tous, notamment la SNCF, l'autoroute roulante est sans nul doute vouée à un développement important au cours des décennies à venir.

Une autre mesure notable a été développée : la généralisation des trains complets.
Ils permettent de réduire sensiblement les délais d'acheminement puisque le train est destiné à un seul point de livraison. Ainsi, le train de desserte qui allait de triage en triage avant de faire parvenir les marchandises à leur destinataire est en voie de disparition.

► *Un train de « l'autoroute ferroviaire » en provenance d'Italie se dirige vers l'Allemagne. Porteuse d'espérances, cette technique a séduit les pays alpins qui souhaitent limiter l'important transit des camions par la route. Mais l'unanimité n'est pas encore de mise en Europe, plusieurs pays n'étant pas totalement acquis à ce procédé. (Italie/Allemagne)*

▲ *Photographié en gare de Salzbourg, ce camion d'une entreprise de transports autrichienne est convoyé par un train de « l'autoroute roulante ». L'arrêt est mis à profit pour les formalités car ce train se rend en Slovénie. La neige abondante en ce mois de mars ne constituera pas de gêne majeure puisque le camion n'effectuera sur la route que le parcours final vers le destinataire. (Autriche)*

Un retour progressif au rail

La reconquête des marchandises est en cours. À l'intérieur de l'Union européenne, la simplification des réglementations a permis une relance de certains types de trafic. Mais cette reconquête s'appuie sur une logistique modernisée ainsi que sur une spécification du parc des wagons. Divers types de véhicules ont été adaptés pour répondre à la demande : on transporte aisément des carburants, des minerais, des céréales et même des déchets radioactifs. Activée par l'Union internationale des chemins de fer (UIC), la reconquête des marchandises par rail a été clairement définie. Elle repose sur un transport attractif pour la clientèle, respectueux de l'environnement, sur une amélioration de l'offre par une meilleure rotation des trains et une livraison plus rapide, une adaptation et un perfectionnement des systèmes informatisés de la gestion et de la communication. De plus, le plan de l'UIC prévoit la création d'un cadre politique et législatif plus favorable au développement du transport international. Des rapprochements entre diverses entreprises ont été enregistrés (Allemagne DB–Pays-Bas NS, par exemple) et la tendance est à la hausse.

La grande vitesse adaptée aux marchandises n'est encore qu'à l'état expérimental. Une nouvelle génération de wagons, capables de circuler à 160 ou

▲ *En gare de Bâle-Marchandises, un chariot transbordeur vient chercher le conteneur sur le camion pour le déplacer et le poser sur le wagon spécialisé. (Suisse)*

▶ *Vue générale de la gare de Bâle-Marchandises et de son secteur affecté au transport combiné. La généralisation du transport par conteneurs a conduit les CFF à moderniser leurs installations, toujours en vue d'une réduction des délais d'acheminement. (Suisse)*

◀ L'introduction de wagons frigorifiques de grande capacité a permis de relancer les échanges entre l'Europe et le Proche-Orient. La photo montre l'embarquement de wagons transportant des denrées périssables sur un ferry-boat au lac de Van, à l'est du pays. (Turquie)

200 km/h, est testée par la SNCF et la DB. Il est évident que la grande vitesse est un facteur important de développement dans ce domaine.

Encore limités en nombre, les corridors transeuropéens de fret visent à l'amélioration de la compétitivité face au transport routier. Ces services internationaux ignorent les frontières, souvent source de retards dus aux formalités, ainsi que les changements de locomotives, et offrent à la clientèle une qualité maximale sur tout le trajet. Cette innovation permet en outre de s'adresser à un seul interlocuteur, ce qui simplifie encore l'organisation du transport. Toutes ces mesures, coordonnées avec rigueur, vont offrir au chemin de fer une nouvelle chance dans le domaine des marchandises. Des rapprochements visant à une complémentarité dans certains secteurs sont à prévoir, et des gouvernements préparent des mesures allant dans ce sens afin de faire jouer les avantages du train sur les transports longue distance.

Hors d'Europe, le fret voyage par train

Ailleurs qu'en Europe, le problème ne se pose pas dans les mêmes termes. En Russie, où pourtant le transport routier progresse, une grande partie des marchandises voyage par le rail, ainsi qu'aux États-Unis. Là-bas, les énormes compagnies ferroviaires disposent de réseaux importants dont dépendent de nombreuses « short lines », des compagnies de fret de petite taille. Leur nombre, qui avoisine les 500, a quasiment triplé en moins de vingt-cinq ans. Le trafic est tel que ces compagnies doivent mettre en marche des trains si lourds qu'il faut parfois cinq ou six locomotives pour tracter le convoi. L'importance du trafic nécessite depuis quelques années le recours au système des wagons portant deux conteneurs, l'un placé au-dessus de l'autre. C'est une technique judicieuse, inadaptée à l'Europe, notamment en présence de caténaires, qui

▼ La longueur des trains de marchandises sur les lignes américaines est telle que les compagnies ferroviaires ont dû se résoudre à la recherche de nouvelles idées. C'est ainsi qu'est née la circulation de wagons portant des conteneurs sur deux niveaux. Le train de la compagnie Santa Fe photographié est tracté par cinq machines. (États-Unis)

◀ *Ce long convoi de marchandises de la compagnie CP Rail est tracté par trois locomotives Diesel. Photographié non loin de Toronto, il se compose exclusivement de conteneurs. Ce mode de transport est très répandu sur le continent nord-américain. (Canada)*

▼ *Remorqué par une machine d'origine française, ce train de marchandises est composé en majorité de conteneurs de fort volume. Il se dirige vers la capitale, Ljubljana. (Slovénie)*

est en plein essor sur le continent nord-américain. C'est aussi aux États-Unis qu'est née la technique du « road-railer » qui consiste à placer la remorque d'un camion sur des bogies spécifiques. Cette solution a trouvé une adaptation européenne avec la mise en marche d'une relation Munich-Vérone exploitée par une firme bavaroise. Encore à l'état expérimental, cette technique pourrait se développer dans le futur, en complément d'autres méthodes. Mais toutes visent à détourner le plus possible de camions des routes principales.

Certains pays africains emploient leurs chemins de fer pour le transport du minerai ou de denrées diverses vers des ports d'où partent des navires marchands. Là-bas, c'est souvent le matériel qui manque, les moyens étant insuffisants pour cet investissement.

En Amérique du Sud, le train de marchandises, qui achemine très souvent une ou deux voitures, est aussi le seul lien avec les grands centres économiques. Même s'ils sont souvent encore exploités de manière rudimentaire, ces trains contribuent à maintenir un lien avec les populations isolées.

LE TRANSPORT COMBINÉ

▲ *Le transport combiné est une solution adaptée au fort développement des relations de fret aux États-Unis.*

▼ *Un exemple de « route roulante » avec ces camions acheminés par train sur une relation Allemagne-Slovénie.*

Autrefois concurrents, le rail et la route tentent de cohabiter depuis une vingtaine d'années. Cette coopération est communément appelée « transport combiné ». Il concerne d'une part celui des conteneurs et d'autre part le « ferroutage ».
Ces deux systèmes permettent de transporter rapidement des chargements de porte-à-porte en utilisant le chemin de fer et contribuent au respect de l'environnement et à l'économie d'énergie en réduisant le nombre des camions circulant sur les routes ou les autoroutes. Cette application encore bien timide est cependant considérée comme une solution pour les vingt ans à venir.

– Les conteneurs
Ils sont apparus en Europe dans les années 1960, en provenance des États-Unis. Ils peuvent mesurer 6, 9 ou 12 m de long, mais il en existe de plus grands encore. Les compagnies américaines font circuler des wagons portant des conteneurs sur deux niveaux.

– Le ferroutage
Il s'agit du transport par chemin de fer de caisses mobiles, de semi-remorques avec ou sans tracteur routier. Les ensembles routiers ne doivent pas dépasser 4 m de hauteur et 2,60 m de largeur.

– Les caisses mobiles
Ce sont des superstructures de camion à parois bâchées qui peuvent être facilement séparées de leur châssis.

– Le semi-remorque
Après utilisation de la technique du « pont-levis » pour le chargement des semi-remorques (abaissement de la partie de plancher du wagon supportant les roues du véhicule routier), celle du wagon-poche, astucieusement dénommée « kangourou », a connu un bel essor. Dans ce cas, la semi-remorque est équipée spécifiquement pour être chargée verticalement par une grue spéciale.

– La route roulante
Ce transport concerne la semi-remorque et son tracteur ou le camion et sa remorque. Le chauffeur voyage avec son véhicule dans des voitures spéciales équipées de couchettes pour les parcours nocturnes. Ce trafic est surtout développé en transit alpin.
La panoplie du transport combiné est complétée par d'autres systèmes en cours, comme les rames automotrices Diesel type Cargo Sprinter de la DB ou encore le système « roadrailer », lui aussi en provenance des États-Unis. Toutes ces techniques sont expérimentées dans le but de rendre plus favorable le rapport poids mort/charge utile.

1991-2000 : Des trains pour le XXIe siècle

149

Dynamiser l'offre des trains de nuit

1991-2000 : Des trains pour le XXIe siècle

Victimes de la concurrence de l'avion, de l'autocar, mais aussi des trains à grande vitesse, les trains de nuit ont connu un déclin inquiétant. La vétusté de certains matériels, des horaires mal adaptés et une politique commerciale timorée ont conduit à une situation délicate.

Le train de nuit doit-il encore exister ? En guise de réponse, les entreprises ferroviaires créent un « pool » d'exploitation baptisé *Trans Euro Nuit* (TEN). Celui-ci fonctionne de 1971 à 1994. Divers sondages apportent les précisions souhaitées. Toutes les entreprises ferroviaires sont unanimes. Le train de nuit n'est pas mort, mais il faut impérativement mettre en œuvre de nouvelles mesures concernant aussi bien la qualité du voyage que les tarifs, afin de lui redonner un nouvel élan.

Les trains de nuit sont-ils utiles ?

Les exploitants des réseaux européens se sont retrouvés face à une triple interrogation :
– Le marché des trains de nuit justifie-t-il de lourds investissements ?
– Quel genre de matériels choisir ?
– Une solution unique peut-elle être adaptée à l'ensemble des partenaires ?

Plusieurs études, menées par des experts en trafic ferroviaire, ont démontré que l'avenir des trains de nuit est aux liaisons internationales, notamment celles qui dépassent les 1 000 km de parcours. C'est pourquoi une première avancée a été tentée avec le lancement des trains Euronight. Faisant appel à du matériel rénové ou modernisé, les trains portant ce label mettent l'accent sur le confort avec la circulation de voitures-lits ou couchettes climatisées, le service comprenant un petit déjeuner dans l'offre, et non plus en supplément, ainsi qu'une boisson d'accueil, et surtout une limitation du nombre des arrêts du train sur le parcours pour un meilleur confort nocturne. On peut citer les relations Paris-Rome (EN Palatino), Barcelone-Milan (EN Salvador Dalí) ou encore Ostende-Vienne (EN Donauwalzer). Satisfaisante mais pas suffisante, la solution Euronight est un peu altérée par la présence de voitures à places assises. Le train de nuit ne doit comporter que des places couchées et des places à siège inclinable, proche du type employé dans l'aviation. Diverses adaptations de voitures sont à l'essai pour répondre à cette attente.

Le concept du train-hôtel

La première tentative de choc dans le domaine concerne la mise en route de véritables trains-hôtel par la DB (Allemagne), les CFF (Suisse) et les ÖBB (Autriche). Un parc important et confortable, en tout 91 unités, est mis en service en 1996. Il comporte

▼ *Dans un pays où la grande vitesse est quotidienne, les trains de nuit ont connu un net déclin. Mais ceux-ci ont toujours les faveurs d'une partie de la clientèle qui préfère voyager de nuit, que ce soit pour les affaires ou pour des déplacements familiaux. L'introduction d'un matériel nouveau et à deux niveaux sur le service « Sunrise Express » est une réponse positive à cette catégorie de clientèle. (Japon)*

▲ *Pour les services Euronight, un accent particulier a été mis sur le service, mais aussi sur le confort. On voit ici un conducteur de la Compagnie des wagons-lits photographié dans un compartiment d'une voiture-lits rénovée des chemins de fer fédéraux autrichiens. (Europe)*

des voitures-lits à deux niveaux avec douches dans les compartiments, des voitures de service (réception et restaurant) et des voitures à siège inclinable pour les voyageurs à petit budget. Chaque catégorie « luxe », « confort » ou « touriste » est accessible selon un forfait et non plus un billet plus une réservation, et comporte un petit déjeuner. Les relations concernées par ce nouveau service appelé CityNightLine comprennent des trains de nuit Zurich-Vienne ou encore Dortmund-Vienne. Parallèlement, la DB en Allemagne, séduite par les trains de nuit Talgo, de conception ibérique, met en service ses premières rames InterCityNight sur des relations intérieures.

Sur un autre plan, des entreprises ferroviaires font alliance, comme la SNCF et les FS en Italie. Elles créent un service Artesia destiné à promouvoir et à gérer l'évolution des trains de nuit entre les deux pays. Pour renforcer l'image de ces trains prisés par la clientèle, des voitures-restaurants proposant de la cuisine italienne sont ajoutées dans les rames vers Rome, Venise ou Florence. La mise en service progressive, à

▲ *Des voitures-couchettes climatisées de la SNCF entrent dans la composition du train* Palatino *qui assure la liaison quotidienne Paris-Rome. Peu avant la création des services Euronight, ce train entrait dans la catégorie EuroCity. Seuls les trains de jour sont aujourd'hui des EC. (France/Italie)*

partir de l'automne 2000, d'une nouvelle génération de voitures type Excelsior, où le confort est décliné avec raffinement (il y a même une réception style hôtel), va sans aucun doute aider à gagner une nouvelle clientèle. La RENFE en Espagne et la SNCF décident, elles aussi, de coopérer en fondant le service Trains Talgo Trans Pyrénées avec principalement des relations Madrid-Paris ou Barcelone-Paris.

Quant aux trains de nuit via le tunnel sous la Manche, ils n'ont pas vu le jour bien que le matériel ait été livré

▼ *Mise à quai de la rame du train de nuit au départ de Bruxelles-Midi et à destination de Port-Bou. Les voitures-lits sont belges (une T2 et une P modernisée) tandis que les voitures-couchettes appartiennent à la SNCF. (Belgique)*

et testé. Il semble que la pertinence commerciale d'un tel service a été quelque peu surévaluée. Des relations nocturnes entre Londres et Francfort, entre le nord de la Grande-Bretagne et le Benelux étaient programmées. La DB, découpée en sociétés autonomes depuis 1999, a regroupé ses services nocturnes dans un nouvel organisme, DB NachtZug. Celui-ci, qui croit beaucoup en une renaissance du trafic national et international, a récupéré quelques voitures ex-CityNightLine et fait moderniser une partie du parc existant, des voitures-lits ainsi que des voitures-couchettes climatisées. Pour ses dirigeants, c'est la qualité du produit qui fait la clientèle. Le marketing ne sert qu'à souligner les avantages d'un service.

La SNCF ne s'est pas contentée de faire bénéficier à treize relations intérieures d'une gamme de nouveaux services : climatisation dans toutes les voitures, point accueil, mise à disposition gracieuse d'une bouteille d'eau, etc. Elle planche sur la voiture-lits du futur dont une maquette est en cours de réalisation. Celle-ci proposera des espaces privatifs pour un, deux, trois ou quatre voyageurs, accessibles avec une formule familiale et économique destinée à relancer le train de nuit sur le marché du tourisme et des loisirs.

À terme, la SNCF, qui a compris que l'amélioration de la qualité du produit est porteuse d'espoirs, franchira une nouvelle étape en améliorant tout l'environnement du voyage de nuit.

Classe « dure » ou classe « molle » ?

Longtemps revêtu d'une livrée bleue, le matériel destiné aux trains de nuit s'est diversifié et a perdu sa couleur de base. Désormais, chaque pays pratique une

▲ *Détail de la voiture-lits, propriété de la Compagnie des wagons-lits, qui assure la relation Varsovie-Vienne. Elle porte des inscriptions en langue polonaise. (Pologne)*

◀ *La DB a été séduite par les trains Talgo et a acquis un parc important pour revitaliser certaines relations intérieures. L'un de ces trains est au départ de Berlin à destination de Munich-Est. Les services nocturnes ont été regroupés sous l'appellation DB NachtZug. (Allemagne)*

▼ *L'abandon du « pool TEN » élimine progressivement la livrée bleue traditionnellement appliquée aux voitures-lits. Dans une phase intermédiaire, des voitures sont simplement redécorées, comme cette voiture suisse à destination de Rome. (Suisse)*

Un second souffle pour les trains de nuit

Aux États-Unis, les efforts commerciaux d'Amtrak, la compagnie nationale du transport des voyageurs, ont permis de donner un second souffle à ce trafic. Là-bas également, les longues distances nécessitent l'emploi de voitures-lits. En plusieurs étapes, Amtrak a renouvelé son parc avec des voitures Superliner à deux niveaux, qui offrent des prestations en fonction des budgets des voyageurs. Au Canada, Via Rail, l'équivalente d'Amtrak dans ce pays qui exploite son mythique *Transcanadien*, a équipé les rames circulant entre Toronto et Vancouver de voitures modernisées puis d'unités neuves à un seul niveau.

En Afrique, les chemins de fer égyptiens (ENR) ont porté leurs efforts de modernisation sur l'axe Le Caire-Assouan, qui a bénéficié de l'introduction de voitures-lits climatisées de conception germanique, tandis qu'au Maroc des voitures-couchettes neuves ont permis de redonner de la vigueur à diverses relations de nuit.

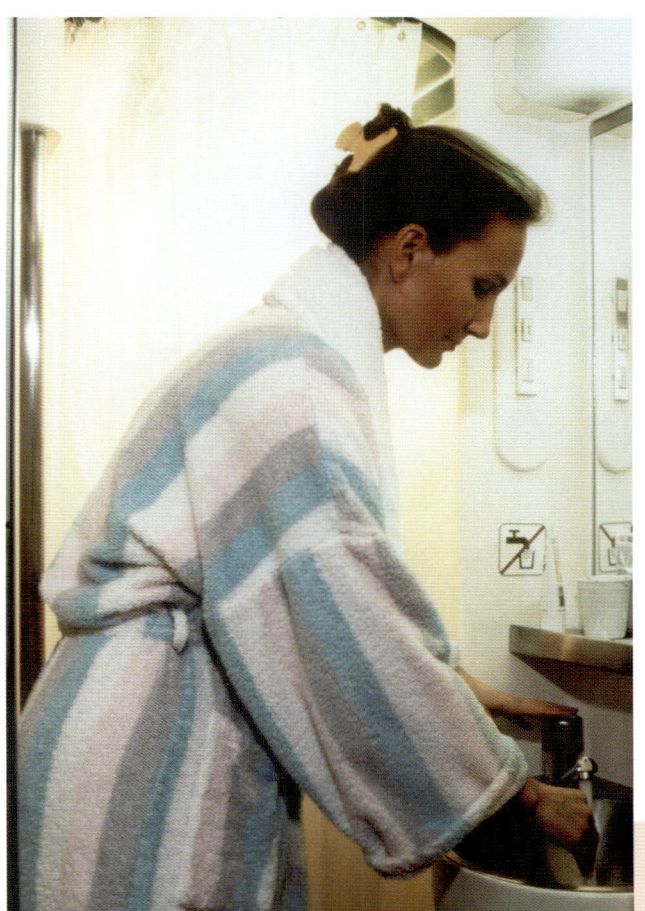

politique différenciée dans ce domaine. L'esprit du « pool TEN » est bien loin… Ailleurs dans le monde, les distances à parcourir dans certains pays et une motorisation individuelle moindre offrent des perspectives encourageantes pour les trains de nuit.

En Russie, la compagnie nationale a hérité d'une grande partie des voitures provenant de l'ex-URSS. Elle les emploie en service intérieur, ou désormais en service international avec les pays voisins comme l'Ukraine, la Biélorussie ou les pays Baltes. Néanmoins, quelques-unes d'entre elles vont jusqu'à Cologne, Berlin et Vienne en provenance de Moscou ou de Saint-Pétersbourg.

Les relations directes en voitures-lits russes Paris-Moscou ou Madrid-Moscou appartiennent au passé. Ce matériel, relativement jeune et partiellement construit du temps de la RDA, comprend toujours, comme en Chine, des voitures en classe « molle » (confortable) ou « dure » (peu confortable). Il n'existe pas de voitures-couchettes.

▲ *Divers projets de nouvelles voitures-lits ont été étudiés. La Compagnie des wagons-lits a élaboré un modèle appelé* Erasmus *qui fait la part belle au confort. C'est le maître-mot des relations de nuit du futur. (Europe)*

▶ *À bord des Talgo allemands, le confort est comparable à celui offert dans les trains espagnols ou France-Espagne. En catégorie supérieure, les cabines sont équipées d'une véritable salle de bains, petite mais bien agréable lors du voyage. (Allemagne)*

Les tramways, trains-tramways et métros du futur

1991-2000 : Des trains pour le XXIe siècle

La prise de conscience du nécessaire renouveau des transports collectifs dans les grandes métropoles a conduit à moderniser, renforcer ou même créer des services de tramways ou de métros.

Souvent la différence entre un métro léger, comme à Charleroi en Belgique ou San Diego aux États-Unis, et un tramway est peu perceptible pour l'utilisateur, mais tous deux participent à un assainissement des conditions de transport.

Le tramway, toujours de mode dans plusieurs pays européens (Allemagne, Autriche, Pays-Bas, Suisse), a fait un éclatant retour en France. Après Grenoble et Nantes, c'est la banlieue parisienne qui a bénéficié d'une ligne de tramway entre Saint-Denis et Bobigny.

Un retour inattendu en France

Le tramway a trouvé grâce également à Strasbourg, qui s'est dotée de rames aux allures très futuristes, tandis que Rouen suivait le mouvement. La région pari-

▲ *La mise en peinture, pour le compte d'entreprises privées, de certaines rames de tramways est une source importante de revenus. La compagnie des transports d'Amsterdam y recourt à grande échelle. La rame photographiée, neuve, fait de la publicité pour une station de radio locale. (Pays-Bas)*

sienne utilise depuis juillet 1997 une seconde ligne entre La Défense et Issy-Plaine. Divers projets sérieux existent avec des lignes de tramways en construction, à Orléans, Montpellier, Bordeaux et Le Mans, par

▶ *Longtemps ignoré en Grande-Bretagne, le tramway y fait une réapparition en force. Un service Metrolink a été inauguré à Manchester, qui utilise du matériel de conception française. (Grande-Bretagne)*

exemple. Ce qui paraissait encore incroyable quinze ans plus tôt devient une réalité tangible et quotidienne pour de nombreux utilisateurs. Ainsi le retour tant espéré du tramway en France est en passe de se réaliser à grande échelle, les villes candidates à un soulagement des infrastructures routières étant nombreuses. Déjà pourvues de tramways, les villes de Lille et de Saint-Étienne ont modernisé leurs lignes ainsi que le matériel qui y circule, pour un succès croissant.

▲ *À Charleroi, les transports en commun disposent de plusieurs lignes de pré-métro, autre appellation du métro léger. Il s'agit de rames de tramways classiques desservant des stations de métro. (Belgique)*

▲ *Le tramway en correspondance des trains, avec ici l'exemple à Dresde. Pour accéder au centre-ville depuis la banlieue, un changement est obligatoire, ce qui, selon les experts, dissuade une bonne partie de la clientèle. (Allemagne)*

Le train-tram, une solution en plein essor

La tendance au renouvellement s'est poursuivie en Allemagne où des réseaux se sont étendus. C'est d'ailleurs dans ce pays qu'est née une idée simple qui va faire son chemin au XXIe siècle. La correspondance entre le train et le tramway constituait une rupture de charge

▲ *Vienne dispose de l'un des plus importants réseaux de tramways d'Europe. Confrontée à une pollution automobile préoccupante, la ville a mis en place un vaste programme d'extension des transports collectifs. Le parc de tramways est rajeuni progressivement. (Autriche)*

▶ *Dans des pays où la qualité de la vie tient une place importante dans les préoccupations des populations, le tramway est en plein essor. Il profite alors de matériels nouveaux offrant des conditions de transport optimales. À Berne, une rame à trois caisses, de construction récente et à plancher bas, permet un accès facilité. Les larges baies panoramiques favorisent une meilleure vision. (Suisse)*

▼ *À mi-chemin entre le métro et le tramway, le métro léger est un matériel destiné à des relations rapides suburbaines. À San Diego, cette technique a été employée pour venir en aide aux transports collectifs. (États-Unis)*

préjudiciable à une bonne organisation du transport. Des études ont démontré que ce changement dissuadait une partie importante d'utilisateurs. Pour y remédier, la DB et la compagnie des transports de Karlsruhe ainsi que la compagnie privée Albtalbahn ont élaboré le prototype d'un train-tram, introduit en 1991. De quoi s'agit-il ? C'est un tramway capable de circuler sur des voies de chemin de fer. Ainsi, après avoir desservi le centre d'une grande ville, le tramway devient train régional et circule sur les lignes de la DB. Le succès de cette formule a permis de réorganiser complètement les transports collectifs de Karlsruhe et des villes avoisinantes, désormais plus proches puisqu'il n'y a plus de changement. C'est Sarrebruck qui emboîte le pas en 1998, inaugurant une ligne dont le prolongement a pour terminus Sarreguemines, en France. Là encore, le train-tram dessert la métropole sarroise avant de gagner les voies de la DB puis de circuler sur un kilomètre environ en territoire français. Cette solution qui offre bien des avantages, car elle permet l'économie de la construction de lignes de métros, va sans doute représenter le nouveau train à la fois local et régional. De nombreux pays s'intéressent à cette technologie, et des concrétisations rapides sont à prévoir dans la décennie future.

Le métro, un équipement lourd

Le secteur des métros souffre de l'importance des investissements à consentir. Généralement, pour accéder au centre des grandes agglomérations, il est nécessaire de creuser en souterrain pour y implanter les lignes. Le coût énorme de ces travaux a souvent dissuadé bon nombre de villes désireuses de résoudre leur problème de transport urbain. La solution du pré-métro, ou métro léger, n'est souvent qu'une transition ne réglant pas définitivement la difficulté. Afin de compenser ces investissements et de rendre ces métros plus sûrs techniquement, certains d'entre eux ont été équipés de rames automatiques, comme à Lille, Toulouse, ou à Paris avec le système Meteor. Des villes comme Berlin, Rome, Vienne ou Athènes ont

▼ *Confrontée à des pics de pollution atmosphérique, Athènes tente d'enrayer les nuisances par la promotion des transports en commun. Le métro qui commençait à accuser le poids de son âge a été partiellement rajeuni, et des rames neuves sont venues en soulager l'exploitation. (Grèce)*

156

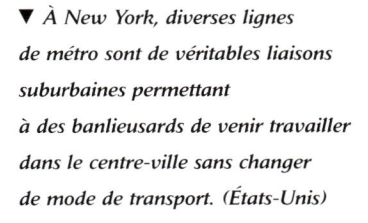

◀ *La capitale belge, Bruxelles, s'est toujours montrée favorable au développement des transports collectifs. Elle n'a pas hésité à investir des sommes importantes dans la construction d'un métro lourd avec passages en souterrain. Ce métro est fort apprécié des Bruxellois, comme des touristes qui peuvent accéder sans souci aux sites touristiques, ici l'Atonium. (Belgique)*

▲ *Le problème de la saturation des axes routiers n'est pas qu'européen. À Singapour, où la notion de qualité de vie est une préoccupation majeure, la construction d'un métro lourd n'a pas posé de problème de choix. Chaque jour le « Mass Transit » se révèle un outil indispensable du système de transport local. (Singapour)*

poursuivi leur programme de modernisation des infrastructures et du matériel. Elles ont pu le faire à bon prix en raison de la concurrence farouche exercée par les constructeurs de matériels ferroviaires, constructeurs qui se regroupent pour devenir plus compétitifs. Cette nouvelle compétitivité a permis en outre à des villes de taille moyenne de se doter d'un métro, comme Bilbao en Espagne. Partie intégrante du plan de transport urbain, le métro connaît lui aussi une

▼ *À New York, diverses lignes de métro sont de véritables liaisons suburbaines permettant à des banlieusards de venir travailler dans le centre-ville sans changer de mode de transport. (États-Unis)*

seconde jeunesse, cependant ternie par le coût élevé de construction. Mais l'accroissement galopant de certaines villes des pays en voie de développement va contraindre leurs dirigeants à des choix. Seuls d'importants moyens financiers leur ouvriront les possibilités d'un métro. À défaut, elles se contenteront du métro léger ou bien du train-tram dont l'exportation est dans l'ordre des choses.

Index

20th Century Limited, 47.

A

Acela, 137.
AJECTA, 123.
Alexandre Dumas, 47.
Amtrak, 63, 106, 153.
Andalus Expreso, 125, 126.
APT (Adanced Passenger Train), 115, 116.
Aquitaine (L'), 47.
Armand, Louis, 80.
Austerity, 66.
Automotrices
  Diesel série VT 5145, 82.
  Type MI 79, 102.
Autorail, 53.
  à voie métrique, 61.
  du type ABH, 53.
AVE, 105, 133, 136.

B

Baldwin-Westinghouse, 74.
Best Friend of Charleston, 15.
Beyer-Peacok & Co, 86.
Big Boy, 63.
Blackett, 14.
Blauer Blitz, 82.
Blenkinsop, 14.
Bluebell Railway, 66.
Boîte à tonnerre, 50, 65.
Braithwaite, 18.
British Railways, 115.
Brunton, 14.
Buddicom
  Machines, 23.

C

Calais-Méditerranée Express, 42, 43, 44.
California State Railroad Museum, 123.
Capitole (Le), 80, 115.
Caso, Marc de, 60.
Catch me who can, 14.
Cévenol (Le), 47.
Chan, 60.
Chapelon
  André, 49, 52, 60, 63.
Chemin de fer
  Musée français du –, 123.
Cheminots, 10.
Chemins de fer
  britanniques (BR), 115.
  de l'État italien (FS), 62.
  égyptiens (ENR), 153.
  finlandais (VR), 90.
  hollandais (NS), 58, 89, 143.
  italiens (FS), 118, 132.
  luxembourgeois (CFL), 59, 141.
  norvégiens (NSB), 98.
  portugais (CP), 89, 141.
  royaux de Prusse, 32.
  touristiques, 120.
  turcs (TCDD), 67.
Chemins de fer fédéraux
  allemands (DB), 115, 132.
  autrichiens (ÖBB), 56, 82, 94, 99, 109, 110, 150.
  suisses (CFF), 109, 143, 144, 150.
Cisalpino, 135.
CityNightLine, 151.
City of Los Angeles, 47.
CIWL, 35, 41, 42, 43, 44, 46, 47.
Class A1, 86.
Compagnie
  AL (Alsace-Lorraine), 59.
  basque ET/EV, 120.
  BLS, 62.
  CP Rail, 148.
  de l'Est, 59.
  de l'Ouest, 30.
  des chemins de fer du Midi, 40.
  du Midi, 59.
  du Montreux-Oberland bernois (MOB), 47, 111.
  du Nord, 52, 59, 60.
  du Paris-Orléans, 32.
  du PLM (Paris-Lyon-Méditerranée), 42, 59.
  du PO (Paris-Orléans), 59.
  LEB (Lausanne-Echallens-Bercher), 139.
  Norfolk and Western Railroad, 74.
  Zillertalbahn, 141.
Compagnie nationale
  MAV, 41.
  PKP, 85.
  SAR, 86.
Corail
  Voitures-, 110.
Cornish Riviera Express, 37.
Côte d'Azur Rapide, 36.
Crampton, 16, 21.
  Thomas, 16.
Cugnot, 14.
Cyclopède, 18.

D

DB, 75, 82, 89, 90, 99, 104, 107, 109, 139, 143, 145, 147, 150.
DB NachtZug, 152.
Den Holländer, 75.
Der Adler, 17, 20.
Deutsche
  Bundesbahn, 72.
  Reichsbahn (DR), 83, 85.
  Reichsbahn Gesellschaft (DRG), 54, 61, 65.
De Witt Clinton, 15.
Diesel, 30, 33.
  Rudolf, 33.
  Traction-, 50, 53.
Direttissima, 118, 132.
Donau Nostalgie Express, 127.
DSB, 89.

E

Eastern and Oriental Express, 125.
EC Mozart (L'), 47.
Écartements, 27.
Edelweiss, 45, 46, 47.
Ee 3/3, 98.
Egestorff, Georg, 21.
Électricité, 30.
Électrification, 99.
Éléphant, 22.
El Transcantabrico, 113.
Empire State Express, 47.
English Electric, 92.
Ericsson, 18.
Étendard (L'), 115.
Étoile du Nord, 45.
ETR, 133.
EuroCity (EC), 80, 107, 108, 109, 110.
Eurofima, 109.
  Voitures-, 109.
Euromed, 136.
Euronight, 151.
Eurostar, 133.

F

Fardier, 14.
Flèche d'or, 44, 47.
Flying Scotsman, 47.
Freycinet, M. de, 26.
FS, 151.
Fusée électrique, 30, 31.

G

Gares, 8.
Garratt, Herbert William, 86.
General Motors, 91.
GKB, 143.
Golden Arrow, 44.
Golden Mountain Pullman Express, 47.
Göta, 21.
Great South Pacific Express, 125.
Green Line, 106.

H

Hackworth, 15, 16, 18.
  Timothy, 19.
Hedley, William, 14.
Heilmann, Jean-Jacques, 30, 31.
Henry, Jawn, 74.

I

ICE, 117, 132, 133, 134, 136.
InterCity Express, 132.

K

KDL (Kriegsdampfloks), 56.
Keighley & Worth Valley Railway, 79.
Keihin Electric Express Railway, 142.
Kennedy, 91.
Killingworth
  Locomotive du type –, 21.
Kriegsloks, 55, 56.
Krupp, 61.

L

Locomoteurs, 93.
Locomotives
  de manœuvre, 93.
Locotracteurs, 93.
  Série Y 7100, 92.
Loewy, Raymond, 63.
London Transport Museum, 123.
Lovett Eames, 25.
LX, 41, 42.
  Voitures, 43.

M

Machines
  Buddicom, 23.
  ex-série 52, 67.
  monuments, 121.
  série 29 de la SNCB, 66.
Majestic Impérator, 127.
Mallard, 48.
Mann's Boudoir Sleeping Cars, 35.
Mass Transit, 157.
Métros, 154, 156.
MIB, 61.
Mistral (Le), 47, 95.
Mitropa, 35, 47.

158

N

Nagelmackers, Georges, 34, 37, 47, 127.
NIOE, 125.
Nord Express, 36, 46.
Nostalgie Istanbul Orient Express, 124.
Novelty, 18.

O

Oiseau bleu, 45.
Orient Express, 34, 35, 36, 42, 43, 128.

P

Pacific, 74.
Pacific (La), 52.
Paris-Prague-Varsovie Express, 37.
Paris-Prague-Varsovie-Vienne, 37.
Pennsylvania Railroad, 63.
Phenix, 15.
PLM, 60, 63, 97.
Pool TEN, 152.
Prince of Wales, 47.
Puffing Billy, 14.
Pullman
    Car Company, 46.
    George Mortimer, 34, 47.
    Voitures, 47.
    Voitures-lits, 34.

R

Rail 2000, 103.
Rainhill
    Concours de –, 18.
Rames pendulaires
    ETR, 134.
RATP, 102.
Relations régionales, 122, 138.
RENFE, 59, 83, 94, 133, 143, 151.
Reno, 28.
Réseau express régional (RER), 102.
Restauration dans les trains, 112.
Rheingold, 44, 45, 46, 47, 127.
Riepl, Franz, 22.
Rocket, 15, 17, 18, 19, 20.
Rome Express, 41, 42, 43.
Rovos Rail, 125.
Royal Orient, 125.
Royal Scotsman, 47, 125, 126.

S

Sans Pareil, 18, 19.
Schlieren, 110.
Sécurité, 77.
Seguin, Marc, 16, 19.
Sherwood, James, 125.
Siemens, Werner von, 30, 31, 55.
Simplon, 134.
Simplon Express, 36.
Simplon Orient Express, 37, 45.
SNCB, 58, 67, 81, 109.
SNCF, 49, 57, 58, 59, 60, 64, 65, 66, 67, 75, 80, 82, 89, 90, 92, 94, 95, 97, 102, 107, 108, 109, 110, 111, 115, 121, 133, 134, 135, 139, 143, 144, 147, 151.
Southbridge Lion, 29.
Stephenson, 15, 19.
    George, 15, 16, 18, 20.
    Robert, 18, 20, 24.
    Robert – and Co, 22.
Sud Express, 45, 83.
Système Cargo Sprinter, 145.

T

TEE, 76, 80, 95, 105, 108, 110, 115, 124.
TER, 140.
TGV, 105, 108, 110, 112, 114, 117, 132, 133, 134, 135.
    Atlantique, 118, 119.
    Est, 136.
    Eurostar, 133.
    Méditerranée, 136.
    Nord-Europe, 133.
    Prototype – 001, 114.
    Rhin-Rhône, 136.
    Sud-Est, 116, 119, 132, 133, 136.
    Thalys, 52, 134.
The Pioneer, 34.
The Queen, 34.
Traction à vapeur, 17.
    0.75 *la Carniole*, 19.
    030 TU, 66.
    140 U, 63, 66.
    141 R, 57, 68.
    141 TA, 82.
    141 TB, 75.
    150 série 50, 54.
    230 G 353, 124.
    231 E, 121.
    240 P, 60.
    242 P1, 60.
    242 série 2001 à 2010, 83.
    4468 Mallard, 48.
    4498 *Sir Nigel Gresley*, 48, 86.
    554.06, 81.
    Austria, 22.
    de type 040, 17.
    du type Killingworth, 21.
    Licaon, 19.
    P36, 85.
    Série 3.1251 à 1290
    Série 23 de la DB, 81.
    Série 98, 65.
    Série 141 P, 67.
    Série 4498, 48.
    Série GMAM, 86.
    Série KDL 11, 64.
    T 18 1001, 61.
    type 150 série Ty 51, 85.
    type 231 série 4500, 60.
    type BB, 33.
Traction Diesel
    BB 67000, 91.
    Série 460-470, 89.
    Série 4601-4620, 81
    Série A1A-A1A 62000, 67.
    Série DE 2, 89.
    Série Dr 13, 90.
    Série V 60, 92.
    Série VT 601, 89.
    Série VT 614, 90.
    Type CC Série 1601 à 1604, 88.
    Type SD45, 88.
    V 100, 90.
    V 160, 91.
    V 200, 90.
Traction électrique, 63.
    CC 14 100, 97.
    CC 103, 115.
    CC 276, 94.
    CC 1010, 94.
    CC 1020, 56.
    CC 1110, 94.
    CC 6500, 115.
    CC 7100, 94.
    CC série E 03, 74.
    E 18, 55.
    E 94, 56.
    E 636, 62.
    Ge 6/6 n° 402, 55.
    GG1, 63.
    Série 2D2 5500, 95.
    Série 2D2 9100, 95.
    Série 32 type CC, 96.
    Série Ae 6/6, 98.
    Série BB 25200, 95.
    Série BM 69B, 98.
    Série E 444, 118.
    Série EG 511 à 537, 32.
    Séries E 636 et E 645, 63.
    Type BB E 10, 99.
Train
    de luxe, 124.
    de nuit, 150.
    HST (High Speed Train), 116.
    Talgo, 152.
    -tram, 154, 155.
Train bleu, 41, 42, 43, 44, 75.
Tramways, 154.
Trans Euro Nuit (TEN), 150.
Trans Europ Express (TEE), 37, 47, 74, 75, 90, 105, 108.
Transport
    combiné, 149.
    des marchandises, 144.
    Musée suisse des – (s), 123.
Transportation Corps, 63, 66.
Transsibérien, 28, 37.
    Express, 37.
Trevithick, Richard, 14.

U

Union internationale
    des chemins de fer (UIC), 146.

V

Venice Simplon Orient Express, 41, 125.
Verdi (Le), 47.
Via Rail, 153.
VSE, 109, 110.

W

Wilberforce, 15.
Wild Life Express, 112.

X

X 72 500, 140.

159

Bibliographie

Les trains en 1 000 photos, André Papazian, Éditions Solar, 1999.
Autorails de chez nous, André Papazian, Éditions MDM, 1999.
Fichier Trains de légende, Clive Lamming, Éditions Atlas, 1998.
Le Train – Souvenirs et objets du chemin de fer, François Bertin, Éditions France Loisirs, 1998.
Les plus belles années des trains français, Yves Broncard, Sélection du Reader's Digest, 1997.
Les plus beaux voyages en train, Éditions Solar, 1994.

Crédits photographiques

Archives du MOB Montreux (Suisse) : 32 h, 47 b – **Collection Albert Glatt :** 35 b, 36 bg, 42 hg, 45 hd – **Compagnie Amtrak (États-Unis) :** 106 b, 130 hd – **Compagnie du Südostbahn (Suisse) :** 98 b – **Compagnie Harzbahnen (Allemagne) :** 84 – **Compagnie LEB Lausanne (Suisse) :** 139 h – **Documentation CGEA/Connex (France) :** 138 h, 140 m – **Documentation Cisalpino AG :** 135 hg – **Documentation Club 760 (Autriche) :** 80 h, 82 b – **Documentation Deutsche Bahn AG :** 145 m, 152 bg, 153 b – **Documentation DWA/Bombardier, Berlin :** 139 m, 155 hd – **Documentation Musée de Nuremberg (Allemagne) :** 35 h, 36, 75 m – **Documentation Siemens (Allemagne) :** 139 b, 142 b – **Documentation société BLS Lötschbergbahn (Suisse) :** 111 h, 132 b – **EDELWEISS/André Papazian :** 9 hg, 9 hd, 9 bd, 10 (3x), 11 hg, 11 bg, 11 bd, 13 h, 17 hd, 18 h, 19 b, 27 bd, 30 h, 32 m (2x), 33 h, 33 m, 35 d, 41 m, 43 b, 44 h, 45 b, 48 h, 50 h, 53 h, 54, 55 hg, 56 h, 61 b, 62 h, 64 b, 65 h, 65 m, 69 (2x), 70 hd, 72 h, 72 b, 76 b, 77 (2x), 78 b, 81 h, 87 (2x), 89 b, 90 h, 92 hd, 92 m, 93 (2x), 94 h, 95 (4x), 97, 98 m, 99 (2x), 100 (3x), 101 h, 103 h, 103 m, 104 h, 107 h, 109 b, 110 hd, 110 b, 111 bg, 111 bd, 113 h, 116 b, 118 (2x), 119, 121 h, 122 hd, 122 bg, 122 bd, 123 (3x), 124 b, 125 h (2x), 127 b, 130 b, 134 (2x), 140 h, 140 b, 141 h, 143 (2x), 144 (2x), 145 h, 145b, 146 (3x), 149 b, 151 m, 151 b, 152 h, 152 bd, 154 h, 155 h, 155 b – **EDELWEISS/Daniel Ponroy :** 57 b, 133 b, 138 b, 141 hg, 142 h, 148 h, 156 b, 157 b – **EDELWEISS/Jean Tricoire :** 94 b, 98 h, 115 h, 116 b, 136 b, 148 b – **EDELWEISS/Michel Destombes :** 8 h, 8 bg, 9 hd, 10 bg, 19 hd, 29 m, 33 bd, 88 m, 120 h, 120 b, 126 bg, 136 m, 141 b, 155 m – **EDELWEISS/Pascal Letzelter :** 92 b, 105 h, 107 b, 117 h – **EDELWEISS/Philippe Caudron :** 15 d, 89 h, 109 h, 136 h, 157 hd – **Japan Rail Group/Paris :** 114h, 137 m, 137 b, 150 – **Musée du Souvenir des écoles de St-Cyr, Coëtquidan :** 28 m – **Musée français du Chemin de Fer, Mulhouse :** 16 h, 21 b, 45 hg – **Photothèque EDELWEISS Paris :** 4, 5, 7, 8 bd, 9 bg, 12, 13 b, 14, 15, 16 b, 17 hg, 17 m, 17 b (Adalbert Zronek), 18 b, 19, 20, 21, 22, 23, 24, 25, 26, 27 hg, 27 hd, 27 bg, 28, 29, 30, 31 hg, 31 hd, 31 b (Harald Marincig), 32 b, 34, 36 hd (Jean-Paul Mathiaud), 37, 38, 39, 40, 41 b, 42 hd, 42 b, 44 b, 46, 47 hg, 47 hd, 48 bg, 48 bd, 49, 50, 51, 52 h, 53 b, 55 hd, 55 b, 56 h, 57 h, 57 m, 58, 59 h, 59 b, 60 (André Chapelon), 61 h, 62 b, 63 h, 64 h (Bernard Heller), 65 b, 66 h, 66 b (Harald Marincig), 66 m (Roger Belot) 67, 68, 70, 71, 72 m, 73, 74, 75, 76, 78 h, 79, 81 h (Roger Belot), 83, 85, 86, 88 h, 88 b, 89 m, 90 m, 90 b, 91, 92 m, 96 h, 101 b, 102, 103 b, 104 b, 108 h, 108 b, 110 h, 112 (2x), 114 b, 115 m, 115 b, 117 b, 121 b, 122 h, 124 h, 125 m, 125 bd, 126 bd, 127 m, 128/129, 130 hg, 131, 132 h, 135 hd, 135 b, 137 h, 147, 149 h, 151 h, 153 h, 154 b, 156 h, 157 hg – **Société Majestic Imperator Vienne (Autriche) :** 127 hd – **SP Musée basque des chemins de fer (Espagne) :** 120 m – **SP Royal Scotsman (Grande-Bretagne) :** 126 h – **SP Transcantabrico (Espagne) :** 113 b – **Union Internationale des Chemins de Fer, Paris :** 133 h.

Droits réservés : 11 hd, 41 h, 43 h, 52 b, 63 b, 82 h, 96 b, 106 h, 108 h, 142 m.
Sauf omission ou erreur involontaire.